張岱全集

和陶集

陶菴對偶故事

〔明〕張岱 纂

鄭凌峰 路偉 點校

浙江古籍出版社

圖書在版編目(CIP)數據

和陶集　陶菴對偶故事 / (明)張岱纂;鄭凌峰,路偉點校. —杭州:浙江古籍出版社, 2019.10(2023.2 重印)
(張岱全集)
ISBN 978-7-5540-1597-1

Ⅰ.①和… Ⅱ.①張… ②鄭… ③路… Ⅲ.①筆記—中國—明代 ②中國歷史—史料—明代 Ⅳ.①K248.066

中國版本圖書館 CIP 數據核字(2019)第 210379 號

和陶集　陶菴對偶故事

(明)張　岱 纂
鄭凌峰　路　偉 點校

出版發行　浙江古籍出版社
(杭州市體育場路 347 號　郵編:310006)
網　　址　www.zjguji.com
責任編輯　沈宗宇
封面設計　劉　欣
責任校對　余　宏
責任印務　樓浩凱
照　　排　浙江時代出版服務有限公司
印　　刷　浙江新華印刷技術有限公司
開　　本　880mm×1230mm　1/32
印　　張　9.5
插　　頁　6
字　　數　195 千
版　　次　2019 年 10 月第 1 版
印　　次　2023 年 2 月第 3 次印刷
書　　號　ISBN 978-7-5540-1597-1
定　　價　58.00 圓

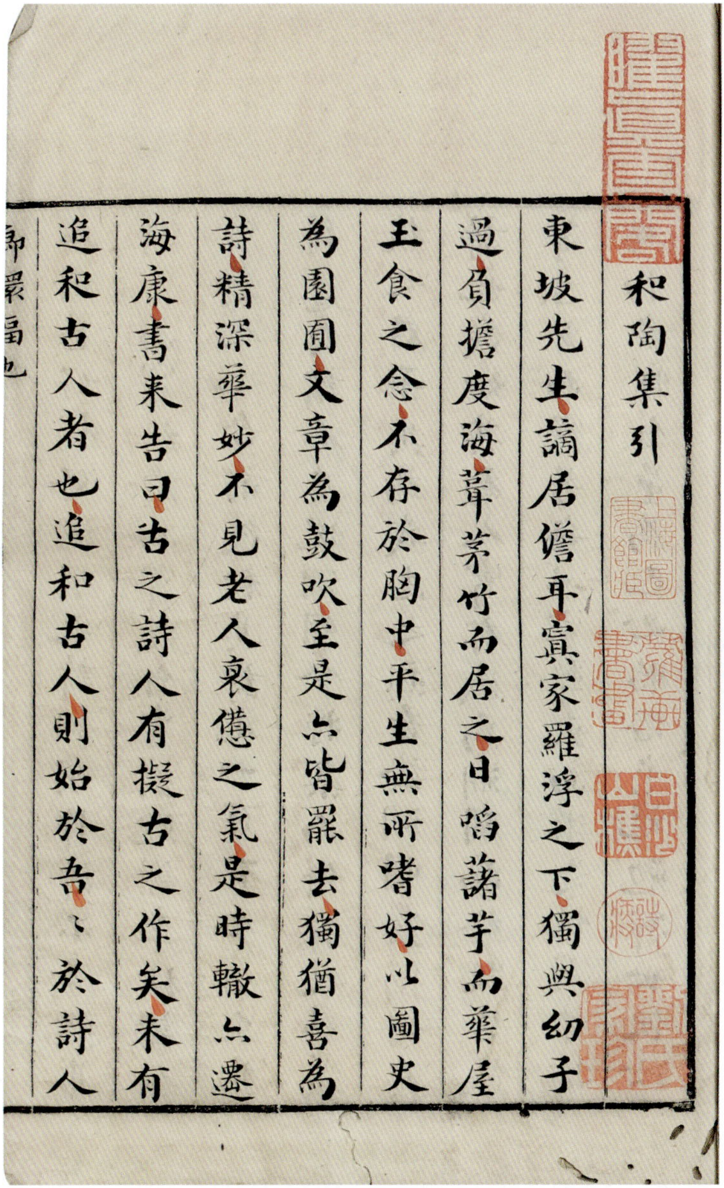
和陶集引
東坡先生謫居儋耳寘家羅浮之下獨與幼子過負擔度海葺茅竹而居之日啗諸芋而華屋玉食之念不存於胸中平生無所嗜好以圖史為園囿文章為鼓吹至是亦皆罷去獨猶喜為詩精深華妙不見老人衰憊之氣是時轍亦遷海康書来告曰古之詩人有擬古之作矣未有追和古人者也追和古人則始於吾〻於詩人

上海圖書館藏稿本《和陶集》（一）

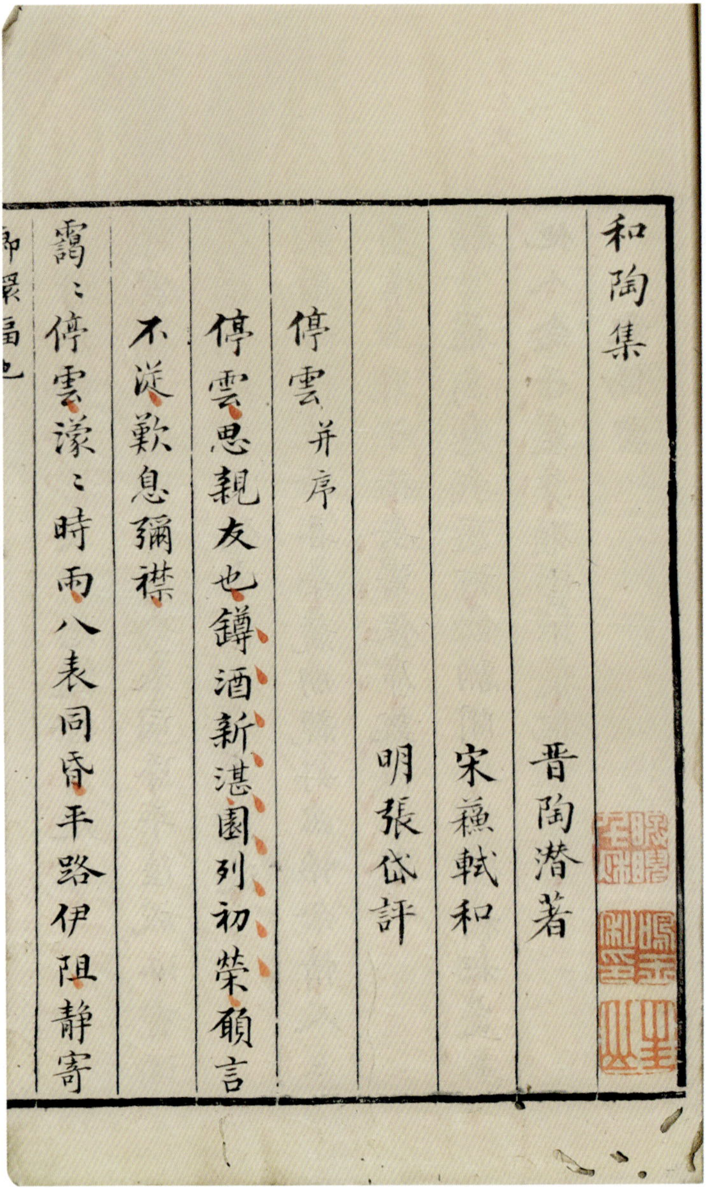

和陶集

晉陶潛著

宋蘇軾和

明張岱評

停雲并序

停雲思親友也罇酒新湛園列初榮願言不從歎息彌襟

靄靄停雲濛濛時雨八表同昏平路伊阻靜寄

上海圖書館藏稿本《和陶集》（二）

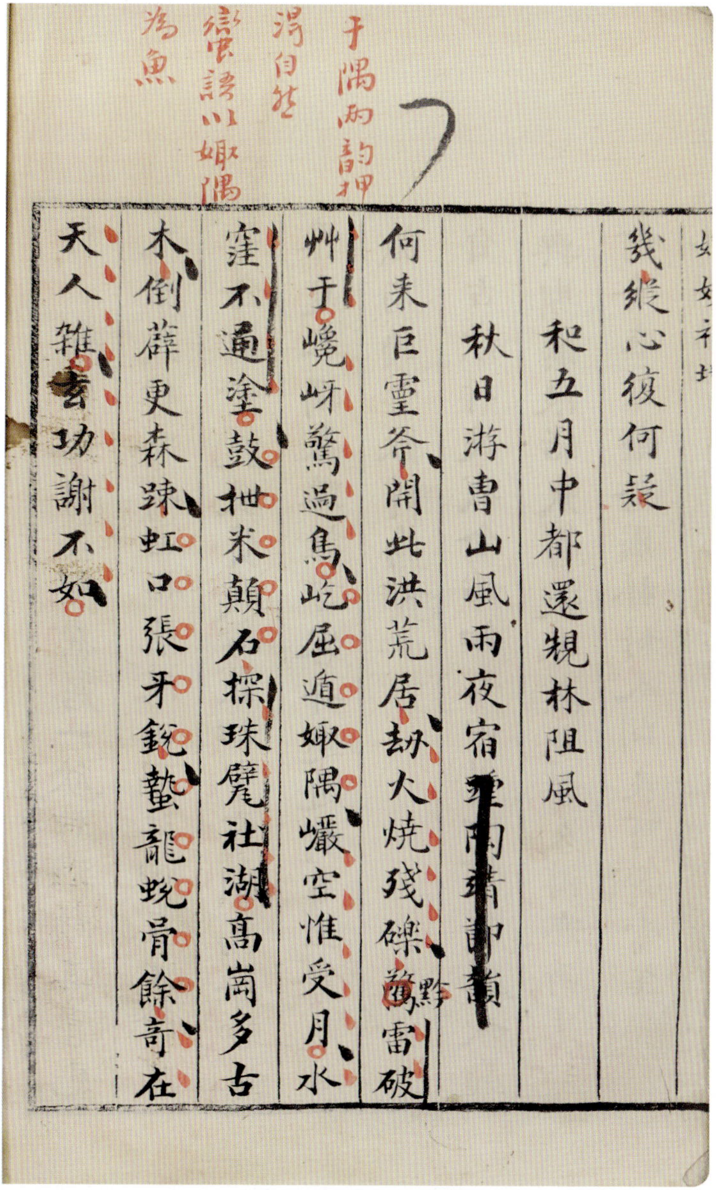
于隅兩韻押
得自然
儻語以孅隅
為魚

幾縱心復何疑

和五月中都還規林阻風

秋日游曹山風雨夜宿墅陶靖節韻

何來巨靈斧開此洪荒居劫火燒殘礫黯黝雷破
艸于嶢岈鷲過鳥屹屈遁孅隅巘空惟受月水
窪不通塗鼓柮米顛石探珠甓社湖高嵩多古
木倒薜更森竦虹口張牙銳蟄龍蛻骨餘奇在
天人雖去功謝不如

上海圖書館藏稿本《和陶集》（三）

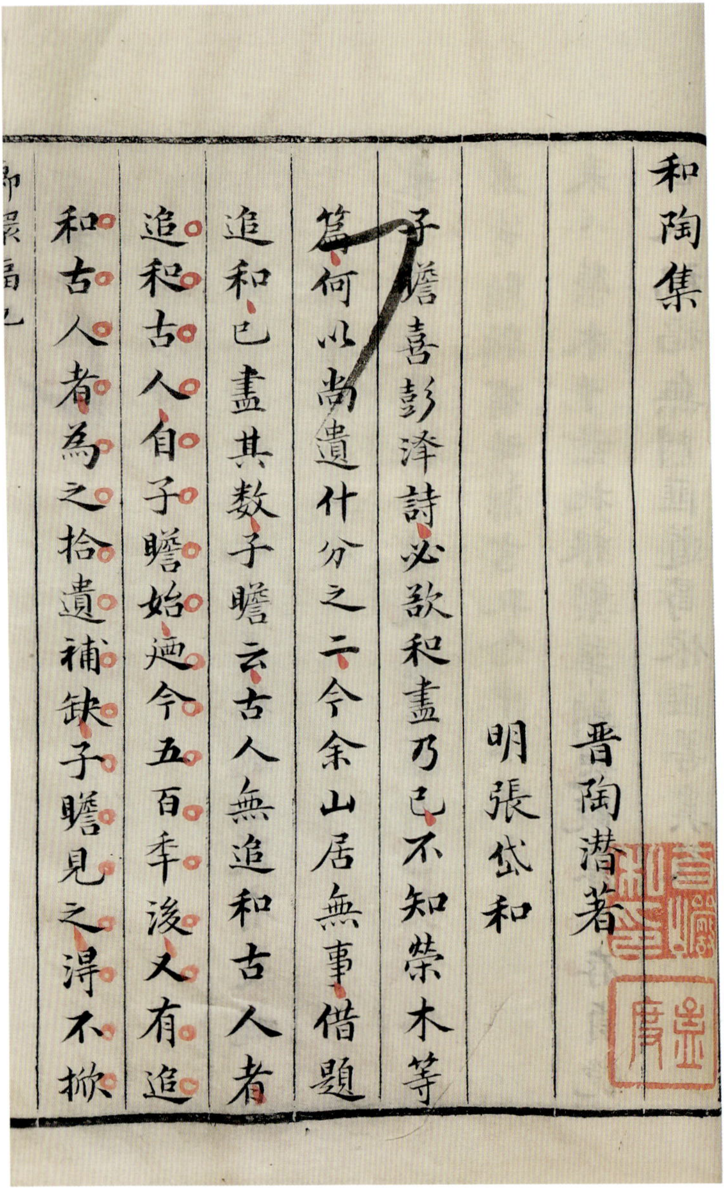
和陶集

晉陶潛著

明張岱和

子瞻喜彭澤詩必欲和盡乃已不知榮木等篇何以尚遺什分之二今余山居無事借題追和已盡其數子瞻云古人無追和古人者追和古人自子瞻始迺今五百年後又有追和古人者爲之拾遺補缺子瞻見之得不掀

上海圖書館藏稿本《和陶集》（四）

和陶集引

東坡先生謫居儋耳寘家羅浮之下獨與幼子過負擔度海葺
茅竹而居之日啗藷芋而華屋玉食之念不存於胸中平生無
所嗜好以圖史為園囿文章為鼓吹至是亦皆罷去獨猶喜為
詩精深華妙不見老人衰憊之氣是時轍亦遷海康書來告曰
古之詩人有擬古之作矣未有追和古人者也追和古人則始
於吾吾於詩人無所甚好獨好淵明之詩淵明作詩不多然其
詩質而實綺癯而實腴自曹劉鮑謝李杜諸人皆莫及也吾前
後和其詩凡一百有九篇至其得意自謂不媿淵明今將集而
併録之以遺後之君子其為我志之然吾於淵明豈徒好其詩

集而併録
之以東坡
志也不知

國家圖書館藏抄本《和陶集》（一）

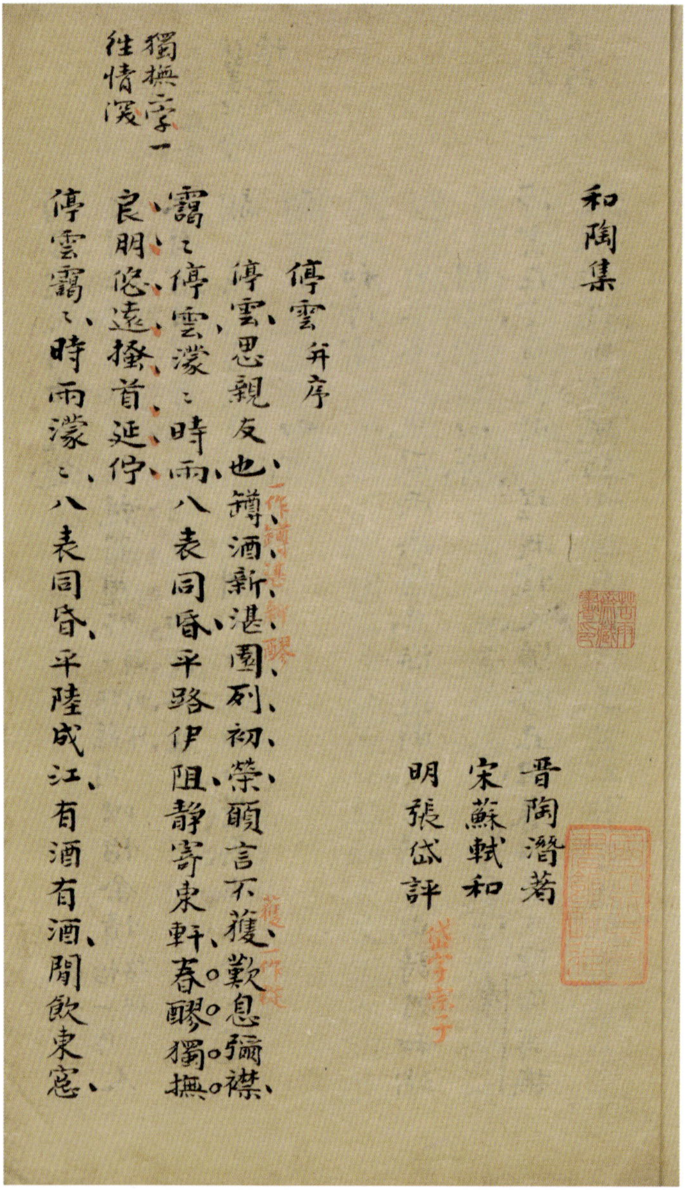

和陶集

晉陶潛著
宋蘇軾和
明張岱評　岱字宗子

停雲　并序

停雲、思親友也、罇酒新湛、園列初榮、願言不獲、歎息彌襟、　一作罇湛新醪　獲一作從

靄靄停雲、濛濛時雨、八表同昏、平路伊阻、靜寄東軒、春醪獨撫、良朋悠邈、搔首延佇、

獨撫字一往情深

停雲靄靄、時雨濛濛、八表同昏、平陸成江、有酒有酒、閒飲東窗、

國家圖書館藏抄本《和陶集》（二）

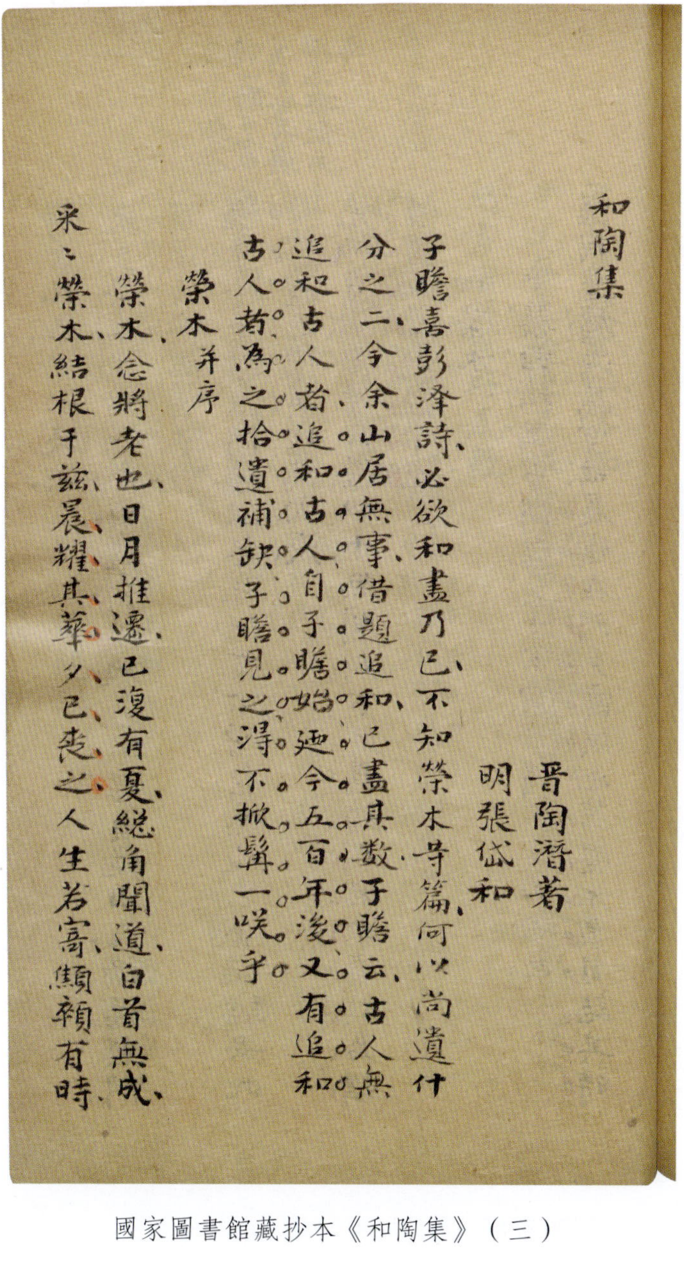

和陶集

晉陶潛著

明張岱和

子瞻喜彭澤詩必欲和盡乃已不知榮木等篇何以尚遺什分之二今余山居無事借題追和已盡其數子瞻云古人無追和古人者追和古人自子瞻始迺今五百年後又有追和古人者為之拾遺補缺子瞻見之得不掀髯一笑乎

榮木并序

榮木念將老也日月推遷已復有夏總角聞道白首無成

采采榮木結根于茲晨耀其華夕已喪之人生若寄顦顇有時

國家圖書館藏抄本《和陶集》（三）

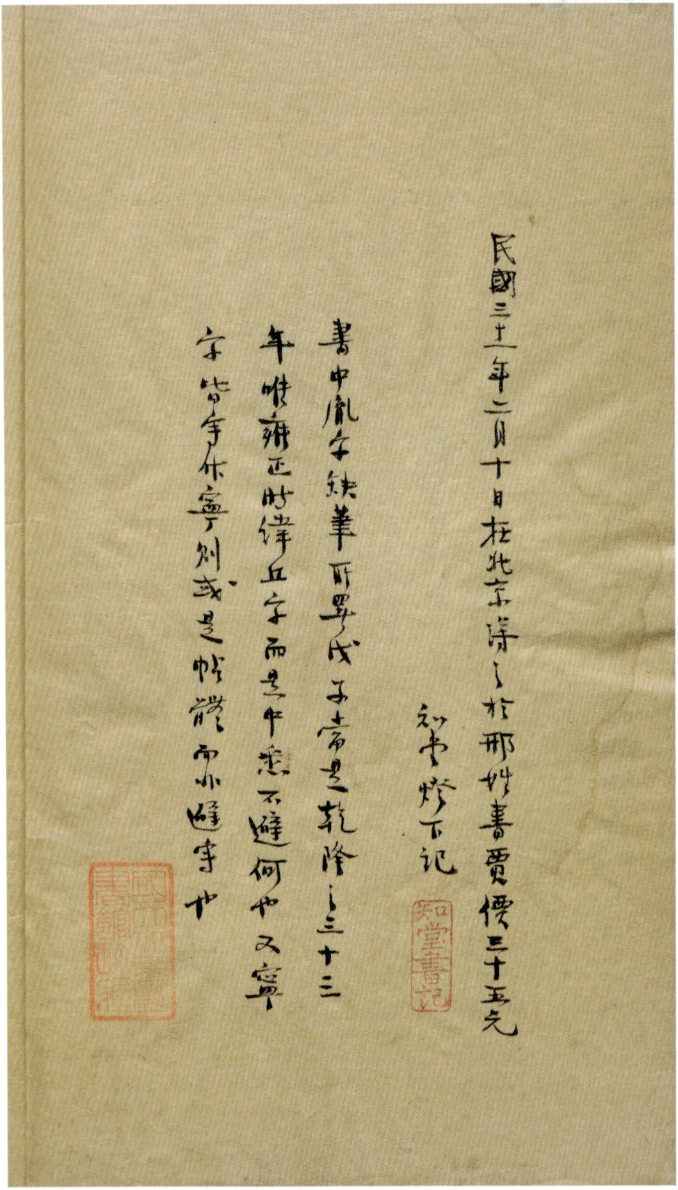

民國三十一年二月十日在北京得之於邢姓書賈價三十五元 知堂燈下記

知堂書記

書中胤字缺筆所署戊子當是乾隆之三十三年惟雍正時諱丘字而書中悉不避何也又寧字皆寫作寍則或是帖體而非避諱也

國家圖書館藏抄本《和陶集》（四）

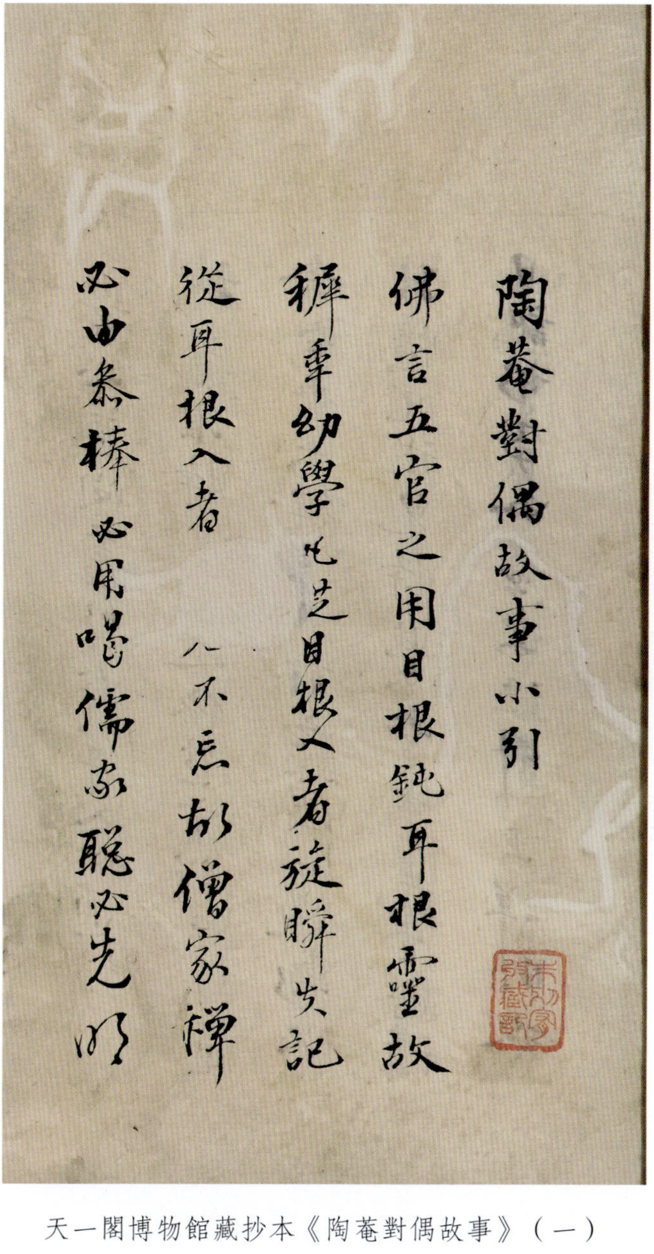
陶菴對偶故事小引
佛言五官之用目根鈍耳根靈故
釋乘幼學先從目根入者旋瞬失記
從耳根入者入不忘故僧家禪
必由參棒必用喝儒家聰必先明

天一閣博物館藏抄本《陶菴對偶故事》（一）

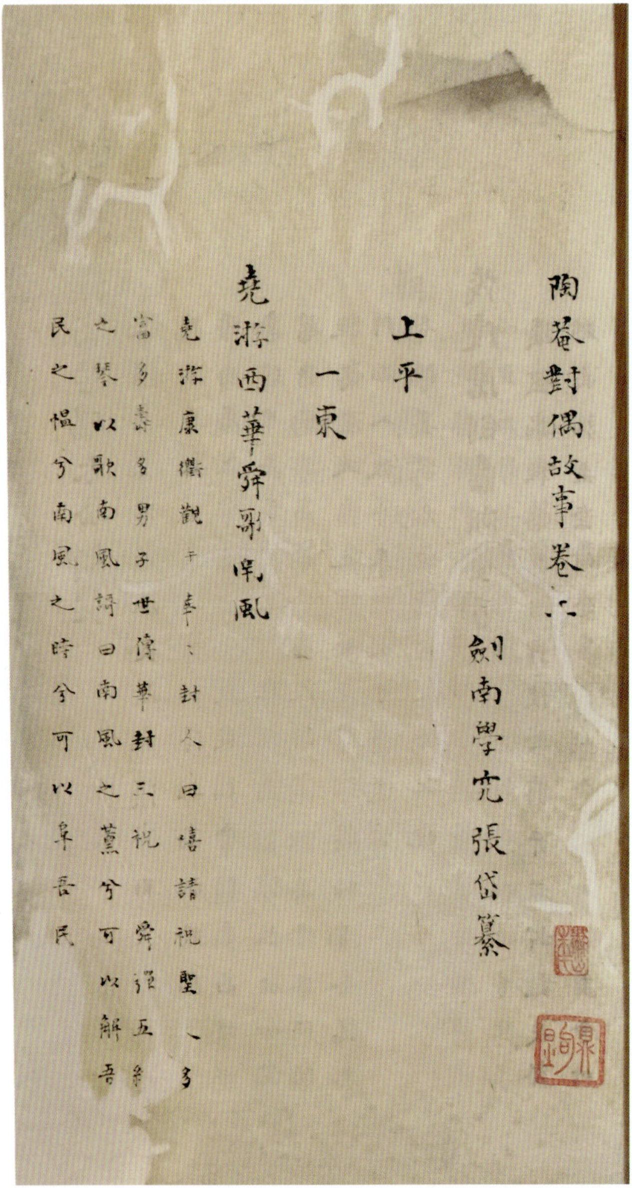
陶菴對偶故事卷上

劍南學究張岱纂

上平

一東

堯游西華舜歌南風

堯游康衢觀于華華封人曰嘻請祝聖人多富多壽多男子世傳華封三祝舜彈五絃之琴以歌南風詩曰南風之薰兮可以解吾民之慍兮南風之時兮可以阜吾民

天一閣博物館藏抄本《陶菴對偶故事》（二）

和陶集

整理前言

一

歷代以『陶菴（盦、庵、葊、广）』爲號者甚多，可考者元代有成都虞槃，明代有長洲沈貞吉、嘉定黄淳耀、崑山歸子慕、姚潛，清代有常熟許天錦、商城黄殿銁、德州李浹、祥符周亮工、洛陽張其珍、通許王章炳、會稽陳昱、餘杭嚴津、高郵宋繼璟、大寧曹續祖、武進楊大鯤、吴縣金世章、無錫秦靖然、安鄉劉宏鈞、滿洲法海、江寧汪靄枚、常熟孫鎔、東臺陸塤、揚州倪馥、松桃楊恩柯、泰縣王鋆、蘄春陳兆奎、銅山胡伯寅。而其中最著名的當數山陰張岱。這些人之所以命名爲『陶菴』，取意或有所不同，但大部分和陶淵明有關當無疑義。張岱雖然母族姓陶，但『陶菴』名號恐與此無涉，仍當與張岱追慕陶淵明有關。

明清易代之際，張岱於瑣尾流離中曾追和陶詩，作有《和貧士》七首、《和述酒》、《和有會而作》、《和挽歌辭》三首，計有四題十二首，見《沈復燦鈔本瑯嬛文集》及《張子詩粃》。《和貧士》小序自言此詩作於丙戌，即順治三年（一六四六），時張岱避亂山中，幾近斷炊，故此詩極狀其窘迫，且有『豈無長安米，苟得非所欽』、『五斗辱陶令，三月解其官』等語，以不爲五斗米折腰自許。其餘幾首和陶詩如《和述酒》『中夜常墮淚，伏枕聽司晨』、《和有會而作》『亂來家愈乏，老至更長飢』、《和挽歌辭》『出走已無家，安得貍首木』等句，亦可從中窺其感時傷事之情。《宋書》稱陶淵明『所著文章，皆題其年月。義熙以前，則書晉氏年號；自永初以來，唯云甲子而已』。故而陶淵明也成爲後世遺民的模範人物。明亡之前，張岱已篤好陶詩，但未號陶菴。明亡之後，家變國恨之下，張岱亦躬效淵明之節，除曾參與《明史紀事本末》及《（康熙）會稽縣志》之修撰外，再無與清廷有任何合作，且參與修撰亦是出於爲《石匱書》撰寫蒐討資料計，故無礙其大節。晚年安居以後，張岱亦不忘標舉陶淵明以表清貞，有《丙午七十初度》『安希子贛謀存魯，敢説陶潛欲避秦』、《壽陸癯菴八十》『白眼科頭看世人，炎涼不到陶彭澤』等語。張岱對陶淵明的喜愛和欽佩，是與日俱增的。

因家國淪喪而詠陶、和陶、學陶的現象在明遺民群體中并不少見，時人和陶『并非一味消散沖澹，而是滲透着時代的悲涼和對於悲涼意緒的超越情懷』［李劍鋒《明遺民對陶淵明的接受》，見《山東大學學報（哲學社會科學版）》二〇一〇年第一期］。張岱崇陶、和陶，并以之爲號，實肇始於明亡以前，且彼時的和詩確以『消散沖澹』爲基調。

二

周作人《陶集小記》（見《古今》一九四四年一月總第三十九期）曾記張岱評《和陶集》：

《和陶集》不分卷，抄本一册，張岱評。書名和陶，而實則具録淵明原詩，附列東坡和作，其後有張宗子補和者二十五首，前半有張氏評語，其評宗子和作部分或出於王白獄輩之手乎？……案抄本中胤字缺筆，所署戊子當是乾隆之三十三年，去今亦已百七十五年矣。

此本周作人身後歸於北京圖書館，即今國家圖書館。周氏所藏即朱景超抄本，蘇軾和詩末尾有朱氏朱筆題記云：

張岱號蝶菴，所著小品如《西湖夢尋》、《越人三不朽》，已經梓行，其未梓者有《陶菴文集》、《石匱全書》、《夜行船》、《快園道古》數種。兹編予於會稽謝氏案頭見之，丹墨猶新，蓋其手自評點者也，較訂陶集異同各字，視他本最善，因借抄一册，以爲行笈秘玩云。戊子仲冬朔有三日，漢陽朱景超識。

張岱和陶詩末又有虎亭題記：

右蝶菴和陶，如和《規林阻風》及《六月遇火》等作，中間塗抹不一，或注改字、另入字。此蓋其未定稿也，姑仍之，以俟獲正集時再訂。虎亭識。

按《兩浙輶軒録》卷三十六有朱氏小傳：『朱景超，字燕封，號虎亭，山陰監生。』則虎亭即朱景超，兩條題記皆朱景超所書。朱景超爲紹興人，故能於張岱著作瞭如指掌，至於爲何題『漢陽』，大概與其祖籍地有關，猶張岱自署『古劍』。朱景超生卒年及生平事跡不詳。按《兩浙輶軒録》由阮元主持編纂，乾隆六十年（一七九五）八月，阮元從山東學政任上奉調浙江學政，十一月到任，翌年即組織力量采選浙人詩作，嘉慶三年（一七九八）『書成，存之學官，未及刊板』(《兩浙輶軒録》阮元序),又該書《凡例》云:『通以時代爲次,但期大致不甚懸殊,中間小有參錯,在所不免。』《兩浙輶軒録》四十卷《補遺》十卷,卷三十六偏後,同卷所收諸人皆爲乾隆時人,則朱景超亦當爲乾隆時人,則題記中『戊子』當爲乾隆三十三年(一七六八)。此抄本可斷爲乾隆抄本。周作人題跋云:『書中胤字缺筆,所署戊子,當是乾隆之三十三年。唯雍正時諱丘,而是中悉不避,何也? 又寧字皆寫作寕,則或是帖體,而非避寫也。』周氏所推測年代是正確的,不避『丘』字大概是底本如此,且非帝諱,遵守不甚嚴格之故。

朱氏抄本分兩部分,前一部分張岱評蘇軾和陶詩署『晉陶潛著,宋蘇軾和,明張岱評』,後一部分張岱和陶詩署『晉陶潛著,明張岱和』。從實際情況看,張岱和詩當作於明末。如《和周家墓柏下》題『癸酉九月游六陵踵韻』,癸酉即崇禎六年(一六三三);又《和蜡日》題『甲戌歲人日迎春途中口占』,甲戌即崇禎七年(一六三四)。且張岱和詩,雖亦時見深沉幽折,然就整體而言比較輕快,當爲明亡前作品。此可見張岱的『陶淵明情結』是壯年即有的,并非受明亡清興的刺激纔生發。

此本用墨筆抄有陶淵明原詩、蘇軾和詩、張岱和詩、評語及大量圈點,此外全書卷首用朱筆抄録張謔庵等四家評語,蘇軾和詩末尾及張岱和詩末尾各有朱筆題記一篇,卷末《擬挽歌詞三首》後亦用朱筆抄録祁寬等兩家評語及一條按語,正文中更有大量朱筆批注與圈點,其批語多有摘抄別本陶集箋注者,大概爲朱景超所録。書中收張岱和陶詩計十六題、四十四首,周作人謂『二十五首』，應是由於算法不同或誤記。

朱景超既云：『茲編予於會稽謝氏案頭見之，丹墨猶新，蓋其手自評點者也。』又於張岱和詩末尾題記云：『中間塗抹不一，或注改字、另入字，此蓋其未定稿也。』知此本係據某個未經最終校定的稿本所抄。

這一稿本《和陶集》今藏上海圖書館，二〇一一年，李劍鋒先生於上海圖書館發現此本後，撰寫《張岱和陶詩輯佚與研究》一文（見《文獻》二〇一一年第一期），對此本的行款、内容、流傳情況及詩作風格做了詳盡精到的説明，并判此本《和陶集》爲清抄本。此本復經夏咸淳先生鑒定（《張岱手稿的最新發現——就上圖藏張岱評〈和陶集〉訪夏咸淳研究員》，見《社會科學報》二〇一二年四月五日），其紙張版心有『嫏嬛福地』字樣，是爲張岱自用紙，且書法風格與今存稿本《瑯嬛文集》《史闕》、《琯朗乞巧録》手稿本一致，確認其爲張岱稿本，且張岱和詩部分的評語，亦出於張岱本人之手，非周作人所推測『或出於王白嶽輩之手』。筆者將可靠的張岱手跡和上海圖書館藏本核對，筆跡顯然不同，此本當非張岱手稿本，而是倩人謄清的清稿本。又該本全然不避清朝諸帝之諱，而其中張岱最晚的詩是崇禎七年甲戌所作，因而此本肯定是崇禎七年之後形成的，順治時不用避帝諱，康熙時須避帝諱，有些遺民未必遵守，此本的準確年代尚無法斷定，只能籠統定爲明末清初。

稿本兩部分和詩分別署作『晉陶潛著，宋蘇軾和，明張岱評』、『晉陶潛著，明張岱和』，正文有大量圈點，可見朱氏抄本的墨筆圈點，大多來自稿本。然而稿本中有大量夾批和校記，多以簽條的形式夾在書中，校語與朱氏抄本多有不同，知朱氏抄本對稿本校語多有省併與改寫。稿本的校語多是『劉是某』、『劉作某』（筆者疑此『劉本』指劉辰翁《須溪校本陶淵明詩集》，然翻檢巴蜀書社《陶淵明集版本薈萃》影印明成化年間朝鮮刻本，則亦多不吻合。聞此書有日藏本，未見，俟考），以及『宋本作某』云云。筆者猜測，張岱對《和陶集》之陶詩曾做過至少兩次校勘，首次以劉本校勘，復取宋本校勘，而校勘劉本所出校記往往在持宋本覆校時，已起到校改原文的作用。如《九日閑居（并序）》，稿本有句作『菊爲制頹齡』，校語有『劉是解』及『宋本作解，一作爲，非』兩條，蓋張岱有意從劉本將『爲』字改爲『解』字，其後增補宋本校勘記，亦順理成章。至於朱景超抄本，已徑將正文改作『菊解制頹齡』，校語作『解，一作爲，非』，則是重訂正文，省併校記之法。此類例證，書中多有，讀者參閱校勘記可知。

三

雖然稿本《和陶集》尚存完帙，且夏咸淳先生整理《張岱詩文集（增訂本）》曾以此作爲底本整理張岱和陶詩，但是此次整理《和陶集》，筆者選擇以朱景超抄本作爲底本。因爲稿本係未經最終寫定的本子，尤其其中校語雜出，頗爲混亂，朱景超抄本則已經做了全面清理，并將小注和校記以夾注的形式寫在相應的位置，眉目清晰，順暢可讀。而且筆者以爲，將稿本校記的情況反映在校勘記中，亦便讀者一觀張岱對此書進行校改的過程。此外，朱景超抄本中的大量朱筆批語亦提供了豐富的信息，使用朱氏抄本作爲底本，也便於將批語一併進行整理。

此次整理，對於底本的小注和校記，仍舊保留夾注形式。原書評語爲眉批，今特根據文意將其移録於正文中，并於句首加一『【評】』字，朱批亦仿此處理，於句首加一『【批】』字，以與評語相區別。又朱氏抄本於正文及評語偶有脱漏，今皆據稿本補録，并出校説明。又，稿本校語往往徑作『一作某』，而不書所校之字，然朱氏抄本多作『某，一作某』，則指明所校之字，爲便利計，此類微末差異，徑從底本，不再出校。兩本皆有圈點，大體有『。』『、』『｜』三種樣式，因圈點涉及評點，省略圈點則衆多評批不知所指，爲此，特意保留圈點，唯便於排版，改『、』爲『·』，讀者鑒之。

另外，筆者在上海圖書館調閲稿本時，發現其中校記簽條多有錯位，蓋於流傳過程中已有脱落，後人隨手夾於書中，因而多有誤置。此次整理，筆者參考宋刻遞修本《陶淵明集》、明天啓五年（一六二五）毛氏緑君亭刻本《陶靖節集》、清同治十二年（一八七三）劉履芬抄本《陶淵明集》，勉强將全部簽條校記大致復位。筆者於批語和校語的復位，雖謹慎從事，然畢竟以意爲之，其中必有疏失訛誤，敬請讀者批評指正。

二〇一八年十月三日，鄭凌峰識於北京清華園。

張謔菴曰：《文選》五臣注云：『淵明詩，晉所作者，皆題年號；入宋所作，但題甲子而已。意者耻事二姓，故以異之。』尝考淵明詩有題甲子者始庚子，距丙辰凡十七年間，只十二首耳，皆晉安帝時所作也。淵明以乙巳仕爲彭澤令，在官八十餘日，即解印綬，賦《歸去來辭》。後一十六年庚申，晉禪宋，恭帝元熙二年也。寧容晉未禪宋前二十年，輒耻事二姓，所作詩，但題甲子以自取異哉？矧詩中又無標晉年號者，其所題甲子，蓋偶記一時之事耳。後人類而次之，亦非淵明本意。秦少游尝云：『宋初受命，陶潛自以祖侃，晉世宰輔，耻復屈身，投劾而歸，耕于潯陽。其所著書，自義熙以前，題晉年號；永初以後，但題甲子而已。』黄魯直詩，亦有『甲子不數義熙前』之句。然則少游、魯直，尚惑于五臣之説，他可知矣。故著于卷首，以袪來者之惑云。

楊龜山曰：淵明詩所不可及者：冲淡深粹，出于自然。若曾用力學，然後知淵明詩非着力所可成也。

黄山谷跋淵明詩卷曰：血氣方剛時讀此詩，如嚼枯木；及綿歷世事，如決定無所用智。

葛常之曰：陶潛、謝朓詩，皆平淡有思致，非後來詩人刳心劌目雕琢者所爲也。老杜云：『陶謝不枝梧，風騷共推激。紫燕自超詣，翠駮誰剪剔。』是也。梅聖俞和晏相詩云：『因今適性情，稍欲到平淡。苦詞未圓熟，刺口劇菱芡。』言到平淡處甚難也。李白云：『清水出芙蓉，天然去雕飾。』平淡而到天然處則善矣。

和陶集引

東坡先生謫居儋耳，寘家羅浮之下，獨與幼子過負擔度海。葺茅竹而居之，日啗藷芋，而華屋玉食之念，不存於胸中。平生無所嗜好，以圖史爲園囿，文章爲鼓吹，至是亦皆罷去。獨猶喜爲詩，精深華妙，不見老人衰憊之氣。是時，轍亦遷海康，書來告曰：『古之詩人有擬古之作矣，未有追和古人者也。追和古人，則始於吾。吾於詩人無所甚好，獨好淵明之詩。淵明作詩不多，然其詩質而實綺，癯而實腴，自曹、劉、鮑、謝、李、杜諸人，皆莫及也。【批】陶詩定評。吾前後和其詩凡一百有九篇，至其得意，自謂不甚愧淵明〔一〕。今將集而併録之，以遺後之君子，其爲我志之。【評】集而併録之，此東坡志也，不知何以不果。然吾於淵明，豈獨好其詩也哉？如其爲人，實有感焉。淵明臨終疏告儼等：「吾少而窮苦，每以家弊，東西游走。性剛才拙，與物多忤，自量爲已，必貽俗患，黽勉辭世，使汝等幼而飢寒。」淵明此語，蓋寔録也。吾真有此病而不早自知，半生出仕，以犯世患，此所以深愧淵明，欲以晚節師範其萬一也。』嗟乎！淵明不肯爲五斗米一束帶見鄉里小兒，而子瞻出仕三十餘年，爲獄吏所折困，終不能悛，以陷大難，乃欲以桑榆之末景，自托於淵明，其誰肯信之？雖然，子瞻之仕，其出處進退，猶可攷也。後之君子，其必有以處之矣。孔子曰：『述而不作，信而好古，竊比於我老彭。』孟子曰：『曾子與子思同道。』區區之迹，蓋未足以論士也。轍少而無師，子瞻既冠而學成，先君命轍師焉。子瞻嘗稱轍詩有古人之風，自以爲不若也。然自其斥居東坡，其學日進〔二〕，沛然如川之方至。其詩比李太白、杜子美有餘，遂與淵明比。轍雖馳驟從之，而常出其後。其和淵明，轍繼之者亦一二焉。丁丑十二月海康城南東齋引。右蘇轍叙。

【校】

〔一〕『甚』字原脱，據稿本補。

〔二〕『其學日進』原脱，據稿本補。

目録

和陶集

和陶集

附録

和陶集

晉陶潛著
宋蘇軾和
明張岱評【批】岱字宗子。

停雲 并序

停雲，思親友也。罇酒新湛，【批】一作罇湛新醪。園列初榮，願言不獲〔一〕，【批】獲，一作從。歎息彌襟。

靄靄停雲，濛濛時雨。八表同昏。平路伊阻。靜寄東軒，春醪獨撫。【評】獨撫二字，一往情深。良朋悠遠〔二〕，搔首延佇。

停雲靄靄，時雨濛濛。八表同昏，平陸成江。有酒有酒，閒飲東窗〔三〕。願言懷人，舟車靡從。

東園之樹，枝條再榮。競朋親好，一作競用新好，非。〔四〕以怡余情。怡，一作招，非。〔五〕人亦有言，日月于征。安得促席，説彼平生。

翩翩飛鳥，息我庭柯。斂翮閒止，好聲相和。豈無他人，念子寔多。【評】伊美之思，止懷一人。願言不獲，抱恨如何。

【校】

〔一〕『獲』，稿本正作『從』。

〔二〕『遠』，稿本作『邈』。

〔三〕稿本『窓』字有注音『粗叢切』。

〔四〕此條校語稿本無。

〔五〕此條校語稿本無。

和停雲

自立冬以來，風雨無虛日。海道斷絶，不得子由詩，乃和淵明《停雲》詩以寄。

停雲在空，黯其時雨〔一〕。嗟我懷人，道修且阻。眷此區區，俛仰再撫。【評】凑。良辰過鳥，逝不我佇。

颶作海渾，天水溟濛。雲屯九河，雪立三江。我不出門，寤寐北窓。念彼海康，神馳往從。

凜然清癯，落其驕榮。魄莫化之，廓兮忘情。萬里遲子，晨興宵征。遠虎在側，以寧先生。

對弈未終，摧然斧柯。再游蘭亭，默數永和。夢幻去來，誰少誰多？彈指太息，浮雲幾何？

【評】通篇意味俱短。

【校】

〔一〕『時雨』，稿本作『將雨』。

時運 并序

時運，遊暮春也。春服既成，景物斯和，偶影獨游，欣慨交心。

邁邁時運，穆穆良朝。襲我春服，薄言東郊。山滌餘靄，餘靄微消。一作宇曖微霄，非。有風自南，翼彼新苗。【評】是暮春景語〔一〕，便勝天朗氣清。【批】字法。

洋洋平津，乃漱乃濯。邈邈遐景，載欣載矚。人亦有言，稱心易足。宋本一作稱心而言〔二〕，人亦易足，非。揮茲一觴，陶然自樂。

延目中流，悠悠清沂〔三〕。童冠齊集〔四〕，閒詠以歸。我愛其靜，寤寐交揮。但恨殊世，邈不可追。

斯晨斯夕，言息其廬。花藥分列，林竹翳如。清琴橫床，濁酒半壺。【評】意興勃勃。黃唐莫逮，慨獨在余。

【校】

〔一〕『語』字原脱，據稿本補。

〔二〕『一』字原脱，據稿本補。

〔三〕稿本『悠悠』下有校語『一作悠想』。

〔四〕『齊集』，稿本作『齊業』。

和時運

丁丑二月十四日，白鶴峯新居成，自嘉祐寺遷入。詠淵明《時運》詩云：『斯晨斯夕，言息其廬。』似爲余發也，乃次其韻。長子邁，與余別三年矣，挈携諸孫，萬里遠至。老朽憂患之餘，不能無欣然。

我卜我居，居非一朝。龜不吾欺，食此江郊。廢井已塞，喬木干霄。昔人伊何，誰其裔苗？

下有碧潭，可飲可濯。江山千里，供我遐矚。木固無脛，瓦豈有足？陶匠自至，嘯歌且樂。

我視此邦，如洙如沂。邦人勸我，老矣安歸？自我幽獨，倚門或揮。豈無親友，雲散莫追。

旦朝丁丁，誰款我廬？子孫遠至，笑語紛如。剪髮垂髫，一作剪綵垂髻。覆此瓠壺。三年一夢，乃復見余。

【評】自動斧鑿。

答龐參軍 并序

龐爲衛軍參軍，從江陵使上都，過潯陽見贈。

衡門之下，有琴有書。載彈載詠，爰得我娱。豈無他好，樂是幽居。朝爲灌園，夕偃我廬[一]。

人之所寶，尚或未珍。不有同愛，一作好，非。[二]云胡以親？我求良友，寔覯懷人。懽心孔洽，棟宇惟鄰。一作爲鄰，非。○時新居南里之南村，即栗里。鄰，新居鄰也。

伊余懷人，欣德孜孜。我有旨酒，與汝樂之。乃陳好言，乃著新詩。一日不見，如何不思。

嘉遊未斁，誓將離分。送爾于路，銜觴無欣。依依舊楚，邈邈西雲。之子之遠，良話曷聞。

昔我云別，倉庚載鳴。今也遇之，霰雪飄零。大藩有命，作使上京。豈忘宴安，王事靡寧。

慘慘寒日，肅肅其風。翩彼方舟，容裔江中。勗哉征人，在始思終。敬兹良辰，以保爾躬。

【評】凡説幽隱語，俱着意興，方知淵明非止山澤之臞。

【評】尾語情深。

【校】

〔一〕『我廬』，稿本作『蓬廬』。

〔二〕此句稿本作『不有同愛』，校云『劉是好』，又云『一作愛，非』。

和答龐參軍

周循州彦質，在郡二年，書問無虚日。罷歸過惠，爲余留半月。既别，和此詩送之。

我見異人，且得異書。挾書從人，何適不娱？羅浮之趾，卜我新居。而非玄德，三顧我廬。

【評】俗境。

旨酒荔蕉，絶甘分珍。雖云晚接，數面自親。海隅一笑，豈云無人？無酒酤我，或乞其隣。

將行復止，眷言孜孜。苟有于中，傾倒出之。奕奕千言，粲焉陳詩。觴行筆落，了不容思。

丱妙侍側，兩髦丫分。歌舞壽我，永爲歡欣。曲終悽然，仰視浮雲。此曲此聲，何時復聞！

擊鼓其鏜，船開艣鳴。顧我而言，雨泣載零。子卿白首，當還西京。遼東萬里，亦還管寧〔一〕。

感子至意，託辭西風。吾生一塵，寓形空中。願言謙亨，君子有終。功名在子，何異我躬！

【評】都非子瞻勝場。

【校】

〔一〕『還』，稿本作『歸』。

勸農

悠悠上古，厥初生人，傲然自足，抱朴含真。智巧既萌，資待靡因。誰其贍之？寔賴哲人。

哲人伊何，時爲后稷。贍之伊何，寔曰播殖。舜既躬耕，禹亦稼穡。遠若周典，八政始食。熙熙令音，猗猗原陸。卉木繁榮，和風清穆。紛紛士女，趨時競逐。桑婦宵征，一作興〔一〕。農夫野宿。

氣節易過，和澤難久。冀缺携儷，沮溺結耦。相彼賢達，猶勤壟畝。矧伊衆庶，曳裾拱手。民生在勤，勤則不匱。宴安自逸，歲暮奚冀？儋石不儲，飢寒交至。顧爾儔列，能不懷愧。

孔耽道德，樊須是鄙。董樂琴書，田園不履。若能超然，投迹高軌。敢不斂衽，敬讚德美。

【評】無所不備，其言如海。

【校】

〔一〕此條校語稿本作『劉是興』。

和勸農

海南多荒田，俗以貿香爲業。所産秔稌，不足於食，乃以藷芋雜米作粥糜以取飽。余既哀之，乃和淵明《勸農》詩，以告其有知者。

咨爾漢黎，均是一民。鄙夷不訓，夫豈其真？怨忿劫質，尋戈相因。欺謾莫訴，曲自我人。

天禍爾土，不麥不稷。民無用物，怪珍是殖。播厥薰木，腐餘是穡。貪夫污吏，鷹鷙狼食。

豈無良田，膴膴平陸。獸縱交締，鳥喙諧穆。驚麏朝射，猛豨夜逐。芋羹藷糜，以飽耆宿。

聽我苦言，其福永久。利爾鉏耜，好爾鄰偶。斬艾蓬藋，南東其畝。父兄搢挺，以扶游手。

天不假易，亦不汝匱。春無遺勤，秋有厚冀。雲舉雨決，婦姑畢至。我良孝愛，袒跣何愧！

逸諺戲侮，博奕頑鄙。投之生黎，俾勿冠履。霜降稻實，千箱一軌。大作爾社，一醉醇美。

【評】自帶烟火。

形影神

貴賤賢愚，莫不營營以惜生，惜，一作憔，非。斯甚惑焉〔一〕。故極陳形影之苦，言神辨自然以釋之。好事君子，共取其心焉。

形贈影

天地長不没，山川無改時。草木得常理，霜露榮悴之。謂人最靈智，獨復不如兹。【評】宣洩已盡。適見在世中，奄去靡歸期。奚覺無一人，親識豈相思？但餘平生物，舉目情悽洏。【評】悽然。我無騰化術，必爾不復疑。【評】説破。【批】贈。願君取吾言，一酒莫苟辭。

影答形

存生不可言，衛生每苦拙。誠願游崑華，邈然兹道絶。與子相遇來，未嘗異悲悦。憩蔭若暫乖，止日終不别。【評】畫出影子。此同既難常，黯爾俱時滅。身没名亦盡，念之五情熱〔二〕。立善有遺愛，胡爲不自竭〔三〕。【批】答。酒云能消憂，方此詎不劣。

神釋

大鈞無私力，萬理自森著。人爲三才中，豈不以我故。與君雖異物，生而相倚附。結託善惡同，安得不相語？三皇大聖人，今復在何處？彭祖愛愛，一作壽，非。永年〔四〕，欲留不得住。老少同一死，賢愚無復數。日醉或能忘，將非促齡具？立善常所欣，誰當爲汝譽？【批】張詎菴曰：日醉，釋前篇；立善，釋後篇。甚念傷吾生，正宜委運去。縱浪大化中，不喜亦不懼。【批】釋。應盡便須盡，無復獨多慮。【評】方是不住生死。○二語是淵明一生把柄。

和形贈影

天地有常運，日月無閑時。孰居無事中，作止推行之。細察我與汝，相因以成茲。忽然乘物化，豈與生滅期？夢時我方寂，偃然無所思。胡爲有哀樂，輒復隨漣洏。【評】恕先在焉，呼之欲出[五]。我舞汝淩亂，相應不少疑。還將醉時語，答我夢中辭。

和影答形

丹青寫君容，常恐畫師拙。我依月燈出，相肖兩奇絶。妍媸本在君，我豈相媚悦？君如火上烟，火盡君乃別。我如鏡中像，鏡壞我不滅。【評】名通。雖云附陰晴，了不受寒熱。無心但因物，萬變豈有竭？醉醒皆夢爾，未用議優劣。

和神釋

二子本無我，其初因物著。豈惟老變衰，念念不如故。知君非金石，安足長託附？莫從老君言，亦莫用佛語。仙山與佛國，終恐無是處。甚欲隨陶翁，移家酒中住。醉醒要有盡，未易逃諸數。平生逐兒戲，處處餘作具。所至人聚觀，指目生毀譽。如今一弄火，好惡都焚去。既無負載勞，又無寇攘懼。仲尼晚乃覺，天下何思慮。【評】語尚粘帶。

【校】

〔一〕『惑』，稿本作『感』。

〔二〕稿本此句有校語『一作此，非』，按『之』一作『此』。

〔三〕稿本『不』原作『之』，復改作『不』。

〔四〕稿本此句作『彭祖壽永年』，校云『劉作愛』，又云『一作壽，非』。

〔五〕『欲』，稿本作『或』。

九日閑居 并序

余閑居，愛重九之名。秋菊盈園，而持醪靡由。空服九華，寄懷於言。

世短意常多，【評】五字是元亮一生受用，爲人爲文，都不出此。斯人樂久生。日月依辰至，舉俗愛其名。露凄暄風息，氣澈天象明。往鷰無遺影，來雁有餘聲。酒能祛百慮，菊解制頹齡，解，一作爲，非。〔一〕如何蓬廬士，空視時運傾！塵爵耻虛罍，寒華徒自榮。斂襟獨閑謠，緬焉起深情。棲遲固多娛，淹留豈無成？

【校】

〔一〕稿本此句作『菊爲制頹齡』，校云『劉是解』，又云『宋本作解，一作爲，非』。

和九日閒居

明日重九，雨甚，展轉不能寐。起坐索酒，和淵明一篇。醉熟昏然，殆不能佳也。

九日獨何日，欣然愜平生。四時靡不佳，樂此古所名。龍山憶孟子，【評】湊。栗里懷淵明。鮮鮮霜菊艷，溜溜糟牀聲。閒居知令節，樂事滿餘齡。【評】語意斷續，醉夢雜之。登高望雲海，醉覺三山傾。長歌振履商，起舞帶索榮。坎軻識天意，淹留見人情。但願飽秔稌，年年樂秋成。

歸田園居〔一〕

【評】《歸田園》止五首〔二〕，後一首江文通所擬作，文通自有敘述，昭明又收入《文選》，可斷不疑也。乃人復入之陶集，後人稱之，東坡和之。薺苨之亂人參，夫誰辨哉？

少無適俗韻，性本愛丘山。誤落塵網中，一去三十年。羈鳥戀舊林，池魚思故淵。開荒南野際〔三〕，守拙歸園田。方宅十餘畝，草屋八九間。榆柳蔭後園〔四〕，桃李羅堂前。曖曖遠人村，依依墟里烟。狗吠深巷中，鷄鳴桑樹巔。户庭無塵雜，虚室有餘閑。久在樊籠裏，復得返自然。

野外罕人事，窮居寡輪鞅〔五〕。白日掩荆扉，虚室絶塵想。時復墟曲中〔六〕，披草共來往。相見無雜言，但道桑麻長。桑麻日已長，我土日已廣。常恐霜霰至，零落同草莽。【評】忙中每致一警。

種豆南山下，草盛豆苗稀。晨興理荒穢，帶月荷鋤歸。【評】佳句。道狹草木長，夕露沾我衣。衣沾不足惜，但使願無違。【批】東坡曰：以夕露沾衣之故，而違其所願者多矣。

久去山澤游，浪莽林野娛〔七〕。試携子姪輩，披榛步荒墟。徘徊丘壟間，依依昔人居。井竈有遺處，桑竹殘朽株。一作樹木殘根株，非。借問採薪者，此人皆焉如？薪者向我言，死没無復餘。【評】死没無復餘，便是深惜。言及於此，三教聖人皆低頭不語〔八〕。一世異朝市，此語真不虚。人生似幻化，終當歸空無。空，一作虚，非。

悵恨獨策還，崎嶇歷榛曲。山澗清且淺，可以濯吾足〔九〕。可，一作遇，非。漉我新熟酒，隻鷄招近屬。屬，一作局，非。〔一〇〕日入室中闇，荆薪代明燭。歡來苦夕短，已復至天旭。

種苗在東皋，苗生滿阡陌。雖有荷鋤倦，濁酒聊自適。濁，一作對。日暮巾柴車，路暗光已夕。歸人望烟火，稚子候簷隙。簷，一作園，非。〔一一〕【評】田家之樂，何似三公！問君亦何爲，百年會有役。但願桑麻成，蠶月得紡績。【批】湯東澗曰：『但願桑麻成，蠶月得紡績』，則與陶公語判然矣。素心正如此，開徑望三益。【批】韓子蒼曰：《田園》六首，末篇乃叙行役，與前五首不類，今俗本乃取江淹『種苗在東皋』爲末篇，東坡亦因其誤和之。陳述古本止有五首。予以爲皆非也，當如張相國本，題爲『雜詠六首』。江淹《雜擬詩》亦頗似之，但『開徑望三益』一句不類。

【校】

〔一〕稿本題作『歸園田居』。

〔二〕『歸田園』，稿本作『歸園』。

〔三〕稿本此句有校語『一作畝，非』，按『野』一作『畝』。

〔四〕稿本此句有校語『劉是簷』，按『園』一作『簷』。

〔五〕『窮居』，稿本作『窮巷』。

〔六〕稿本此句有校語『一作里人』，按『曲中』一作『里人』。

〔七〕『林野』，原作『山澤』，據稿本改。

〔八〕『皆』字原脱，據稿本補。

〔九〕此句稿本原作『遇以濯吾足』，復改『遇』爲『可』。

〔一〇〕此句稿本原作『隻鷄招近局』，復改『局』爲『屬』，無校語。

〔一一〕稿本校語『簷』上有『劉是簷，宋本作簷，一作園，非』。

和歸田園居

三月四日，游白水山佛迹巖。沐浴於湯泉，晞髮于懸瀑之下，浩歌而歸。肩輿却行，以與客言，不覺至水北荔枝浦上。晚日葱曨，竹陰蕭然，時荔子纍纍如芡寔矣。有父老年八十五，指以告余曰：『及是可食，公能攜酒來游乎？』意忻然許之。歸卧既覺，聞兒子過誦淵明《歸園田居》詩六首，乃悉次其韻。始余在廣陵，和淵明《飲酒》二十首，今復爲此，要當盡和其詩乃已耳。今書以寄總妙大士參寥子。

環州多白水，際海皆蒼山。以彼無盡景，寓我有限年。東家著孔丘，西家著顔淵。市爲不二價，農爲不争田。周公與管蔡，恨不茅三間。我飽一飯足，薇蕨補食前。門生饋薪米，救我厨無烟。斗酒與隻雞，酣歌餞華顛。禽魚豈知道，我適物自閑。悠悠未必爾，聊樂我所然。

【評】淵明之言，自是不同。

窮猿既投林，疲馬初解鞅。心空飽新得，境熟夢餘想。江鷗漸馴集，蜑叟已還往。南池緑錢生，北嶺紫笋長。提壺豈解飲，好語時見廣。春江有佳句，我醉墮渺莽。【評】此意誰解？

新浴覺身輕，新沐感髮稀。風乎懸瀑下，却行詠而歸。仰觀江摇山，俯見月在衣。步從父老語，有約吾敢違？

老人八十餘，不識城市娱。造物偶遺漏，同儕盡丘墟。平生不渡江，水北有幽居。手插荔枝子，合抱三百株。莫言陳家紫，甘冷恐不如。君來坐樹下，飽食携其餘。歸舍遺兒子，懷抱不可虚。有酒持飲我，不問錢有無。【評】意景俱忙促。

坐倚朱藤杖，行歌紫芝曲。不逢商山翁，見此野老足。願同荔枝社，長作雞黍局。教我同光塵，月固不勝燭。霜飇散氛祲，廓然似朝旭。

昔我在廣陵，悵望柴桑陌。長吟飲酒詩，頗獲一笑適。當時已放浪，朝坐夕不夕。矧今長閒人，一劫展過隙。江山互隱見，出没爲我役。斜川追淵明，東皋友王績。詩成竟何爲，六博本無益。

【評】和韻詩最忌湊砌。

遊斜川 并序

辛丑正月五日，天氣澄和，風物閒美。與二三鄰曲，同遊斜川。臨長流，望曾城，【批】駱庭芝云：曾城，落星寺也。魴鯉躍鱗於將夕，水鷗乘和以翻飛。彼南阜者，名實舊矣，不復乃爲嗟歎。若夫曾城，傍無依接，獨秀中皋，遥想靈山，有愛嘉名。欣對不足，率爾賦詩。悲日月之遂往，悼吾年之不留。各疏年紀鄉里，以記其時日。【評】淵明詩叙亦不能陶汰，六朝時之牖人如此。

開歲倏五十，十，一作日，非。〔一〕吾生行歸休。念之動中懷，及辰爲兹游。氣和天惟澄，班坐依遠流。弱湍馳文魴，閑谷矯鳴鷗。【評】亦作此駢麗語。迥澤散游目，緬然睇曾丘。雖微九重秀，顧瞻無匹儔。提壺接賓侣，引滿更獻酬。未知從今去，當復如此否？中腸縱遥情，腸，一作觴，非。〔二〕忘彼千載憂。且極今朝樂，明日非所求。【批】謔菴云：按辛丑歲，靖節年三十七，詩曰『開歲倏五十』，乃義熙十年甲寅。以詩語證之，序爲誤；若作『倏五日』，則與序正月五日語意相貫。

【校】

〔一〕此句稿本原作『開歲倏五日』，復改『日』爲『十』，校云『宋本作十，一作日，非』。

〔二〕此句稿本作『中觴縱遥情』，校云『劉是觴』，又云『宋本作觴，一作觴，非』。

和游斜川正月五日與兒子過出游作〔一〕

謫居澹無事，何異老且休？雖過靖節年，未失斜川游。春江渌未波，人卧船自流。我本無所適，汎汎隨鳴鷗。中流遇洑洄，捨舟步曾丘。有口可與飲，何必逢我儔？過子詩似翁，我唱兒輒酬。未知陶彭澤，頗有此樂不？問點爾何如，不與聖同憂。問翁何所笑，不爲由與求。

【評】押韻而已，意味亦俗。

【校】

〔一〕稿本題作『游斜川和正月五日與兒子過出游作』。

示周續之祖企謝景夷三郎

負痾頹簷下，終日無一欣。藥石有時閑，念我意中人。相去不尋常，道路邈何因。何，一作無，非。周生述孔業，祖謝響然臻。【評】句亦生。【批】《薦禰表》：群士響臻。道喪向千載，今朝復斯聞。馬隊非講肆，校書亦已勤。老夫有所愛，思與爾爲隣。【批】逸箋曰：淵明交誼，懇篤如此。願言誨諸子，從我潁水濱。【批】刺史檀韶芳請周續之出州，與學士祖企、謝景夷共在城北講禮，加以讎校。所住公廨近于馬隊，故詩云云。

和示周續之祖企謝景夷三郎 時游城東學舍作

聞有古學舍，竊懷淵明欣。攝衣造兩塾，窺户無一人。邦風方杞夷，廟貌猶殷因。先生饌已缺，弟子散莫臻。忍飢坐談道，嗟我亦晚聞。永言百世祀，未補平生勤。今此復何國，豈與陳蔡隣？永愧虞仲翔，弦歌滄海濱。

【評】亦復不佳。

乞食

【批】東坡曰：淵明得一食，至欲以冥謝主人，哀哉！哀哉！此大類丐者口頰也。非獨余哀之，舉世莫不哀之也。飢寒常在身前，功名常在身後，二者不相待，此士之所以窮也。

飢來驅我去，不知竟何之。【評】出岫閒雲，忽然舒卷。行行至斯里，叩門拙言辭。主人解余意，遺贈豈虚來。談話終日夕，觴至輒傾盃。情欣新知歡，言詠遂賦詩〔一〕。感子漂母惠，愧我非韓才。銜戢知何謝，冥報以相貽。

【校】

〔一〕稿本此句有校語『劉是興言遂賦詩』。

和乞食

莊周昔貸粟，猶欲舂脱之。魯公亦乞米，炊煮尚不辭。淵明端【評】窘。乞食，亦不避嗟來。嗚呼天下士，生死寄一杯。斗水何所直，遠汲愁姜詩。【評】插入無理。幸有餘薪米，養此老不才。至味久不壞，可爲子孫貽。

怨詩楚調示龐主簿遵鄧治中

天道幽且遠，鬼神茫昧然。結髮念善事，僶俛六九年。弱冠逢世阻，始室喪其偏。【批】其年三十，喪偶，繼娶翟氏。炎火屢焚如，螟蜮恣中田。【批】螟蜮，當是螟蟻。蜮乃射工，水中含沙射人虫也。風雨縱横至，收斂不盈廛。夏日長抱飢，寒夜無被眠。造夕思鷄鳴，及晨願烏遷。在己何怨天，離憂悽目前。吁嗟身後名，於我若浮煙。慷慨獨悲歌，鍾期信爲賢。

【評】達人作怨詞，與《離騷》《九歌》自不相類。

和怨詩楚調示龐主簿鄧治中〔一〕

當歡有餘樂，在戚亦頹然。淵明得此理，安處故有年。嗟我與先生，所賦良奇偏。人間少宜適，惟有歸耘田。我昔墮軒冕，毫釐真市廛。困來卧重茵〔二〕，憂愧自不眠。如今破茅屋，一夕或三遷。風雨睡不知，黃葉滿枕前。寧當出怨句，慘慘如孤烟。但恨不早悟，猶推淵明賢。

【校】

〔一〕『簿』字原脱，據稿本補。

〔二〕『茵』，稿本作『裀』。

答龐參軍 并序

三復來貺，欲罷不能。自爾鄰曲，冬春再交，款然良對，忽成舊遊。俗諺云：『數面成親舊。』况情過此者乎？人事好乖，便當語離。楊公所歎，豈惟常悲。吾抱疾多年，不復爲文。本既不豐，【批】謂𤻮瘁也。復老病繼之。輒依周孔往復之義，且爲別後相思之資。

相知何必舊，傾蓋定前言。有客賞我趣，每每顧林園。談諧無俗調，所説聖人篇。或有數斗酒，閑飲自歡然。我實幽居士，無復東西緣。物新人惟舊，弱毫多所宣。情懷萬里外，懷，一作通。〔一〕形跡滯江山。君其愛體素，來會在何年？【評】亦是應酬語。

【校】

〔一〕此句稿本作『情通萬里外』，校云『劉是情懷萬里外』。

和答龐參軍

留燈坐達曉，要與影晤言。下帷對古人，何暇復窺園？使君本學武，少誦十三篇。頗能口擊賊，戈戟亦森然。才智雖不如，功名嘆無緣。獨來向我説，憤懑當奚宣？一見勝百聞，往鏖皋蘭山。白衣挾三矢，趁此征遼年。

【評】通篇意調，亦屬補湊。

五月旦作和戴主簿

虚舟縱逸棹，回復遂無窮。發歲如俛仰，星紀奄將中。明兩萃時物，一作南窓罕悴物，非。〔一〕北林榮且豐。神淵寫時雨，晨色奏景風。既來孰不去，人理固有終。居常待其盡，曲肱豈傷冲。遷化或夷險，肆志無窊隆。即事如已高，何必升華嵩。

【校】

〔一〕此句稿本作『南窓罕悴物』，校云『劉是明兩萃時物』，又云『從宋本，一作南窓罕悴物，非』。

和五月旦作和戴主簿

海南無冬夏，安知歲將窮？時時小摇落，榮瘁俛仰中。上天信包荒，佳植無由豐。鉏耰代肅殺，有擇非霜風。手栽蘭與菊，侑我清宴終。擷芳眼已明，飲酒腹尚冲。草去土自隤，井深墻愈隆。勿笑一畞園，蟻垤齊衡嵩。

【評】意味都盡。

連雨獨飲

運生會歸盡，終古謂之然。【批】謔菴云：句拙。世間有松喬，於今定何間？間，一作閼，非。〔一〕故老贈余酒，乃言飲得仙。試酌百情遠，重觴忽忘天。天豈去此哉，任真無所先。【評】四語是酒中寔際理地，豈狂藥昏醟之言？雲鶴有奇翼，八表須臾還。自我抱茲獨，僶俛四十年。形骸久已化，心在復何言。

【評】元亮在寂寥之中，意興常自勃勃。

【校】

〔一〕此句稿本作『於今定何閼』，校云『劉是間』。

和連雨獨飲

吾謫海南，盡賣酒器以供衣食。獨有一荷葉盃，工製美妙，留以自娱。乃和淵明《連雨獨飲》。

平生我與爾，舉意輒相然。豈止磁石鍼，雖合猶有間。此外一子由，出處同偏僊。晚景最可惜，分飛海南天。糾纏不吾欺，寧此憂患先。顧影一盃酒，誰謂無往還？寄語海北人，今日爲何年？醉裏有獨覺，夢中無雜言。

阿堵不解醉，誰歟此頽然？誤入無功鄉，掉臂嵇阮間。飲中八仙人，與我俱得仙。淵明豈知道，醉語忽談天。偶見此物真，遂趨天地先。【評】東坡不無窺見，但語尚游移。聰明人難與入道，弊政坐此。醉醒可還酒，此覺無所還。清風洗徂暑，連雨催豐年。牀頭伯牙君，此子可與言。

移居二首

昔欲居南村，非爲卜其宅。聞多素心人，樂與數晨夕。【評】數字妙，今人皆改作共字矣。懷此頗有年，今日從兹役。弊廬何必廣，取足蔽床席。鄰曲時時來，抗言談在昔。奇文共欣賞，疑義相與析。

春秋多佳日，登高賦新詩。過門更相呼，有酒斟酌之。農務各自歸，閑暇輒相思。相思則披衣，言笑無厭時。【評】吐棄一世。此理將不勝，無爲忽去兹。【批】言此樂不可勝，無爲舍而去之。衣食當須幾，幾，一作紀，非。〔一〕力耕不吾欺。

【校】

〔一〕此句稿本作『衣食當須紀』，校云『劉是幾』，又云『宋本作幾，一作紀，非』。

和移居

余去歲三月，自水東嘉祐寺遷居合江樓。迨今一年，多病寡歡，頗懷水東之樂也。得歸善縣後隙地數畝，父老云，古白鶴觀也。意欣然欲居之，乃和此詩。

昔我初來時，水東有幽宅。晨與烏鵲朝，暮與牛羊夕。誰令遷近市，日有造請役。歌呼雜閭巷，鼓角鳴枕席。出門無所詣，樂事非夙昔。病瘦獨彌年，束薪誰與析？【評】湊入。洄潭轉碕岸，我作江郊詩。今爲一廛氓，此地乃得之。葺爲無邪齋，思我無所思。古觀廢已久，白鶴歸何時？我豈丁令威，千歲復還兹。江山朝福地，古人不吾欺。

和劉柴桑

山澤久見招，胡事乃躊躇？直爲親舊故，未忍言故居〔一〕。良辰入奇懷，挈杖還西廬。荒塗無歸人，時時見廢墟。茅茨已就治，新疇復應畬。谷風轉淒薄，春醪解飢劬。弱女雖非男，慰情良勝無。【評】以弱女喻薄酒，不要認真。棲棲世中事，歲月共相疏。耕織稱其用，過此奚所須？去去百年外，身名同翳如。

【校】

〔一〕『故居』，稿本作『索居』。

和和劉柴桑〔一〕

萬劫互起滅，百年一踟躇。漂流四十年，今乃言卜居。且喜天壤間，一席亦吾廬。稍理蘭桂藂，盡平狐兔墟。黄樑出舊枿，紫茗抽新畬。我本早衰人，不謂老更劬。邦君助畚鍤，鄰里通有無。竹屋從低深，山窗自明疎。一飽便終日，高眠忘百須。自笑四壁空，無妻老相如。

【評】東坡畢竟是高華中人，凡説隱居，終帶忙碌。

【校】

〔一〕稿本題作『和劉柴桑』，誤。

酬劉柴桑

窮居寡人用，時忘四運周。空庭多落葉，空，一作檷，非。〔一〕慨然已知秋。新葵鬱北牖，嘉穟養南疇。眷，一作養，非。〔二〕【評】佳景。今我不爲樂，知有來歲不？命室携童弱，良日登遠游。

【校】

〔一〕此句稿本原作『檷庭多落葉』，復改『檷』爲『空』，無校語。

〔二〕此句稿本作『嘉穟養南疇』，校云『劉是眷』，又云『一作養，非』。

和酬劉柴桑

紅藷與紫芋，遠插墻四周。且放幽蘭春，莫争霜菊秋。窮冬出甕盎，磊落勝農疇。淇上白玉延，能復過此不？一飽忘故山，不思馬少游。

和郭主簿二首

藹藹堂前林，中夏貯清陰。凱風因時來，回飈開我襟。【評】夏景宛然。息交遊閑卧，坐起弄書琴。〔一〕一作息交遊閑業，卧起弄書琴，非。園蔬有餘滋，舊穀猶儲今。營己良有極，過足非所欽。春秫作美酒，酒熟吾自斟。弱子戲我側，學語未成音。語，一作詩，非〔二〕。此事真復樂，聊用忘華簪。遥遥望白雲，懷古一何深。

其　二〔三〕

和澤周三春，清凉素秋節。秋，一作華，非。露凝無遊氛，天高風景澈。【評】是秋景。陵岑聳逸峰，遥瞻皆奇絶。芳菊開林耀，青松冠巖列。【評】淡淡設色，詩中有畫。懷此貞秀姿，卓爲霜下傑。銜觴念幽人，千載撫爾訣。檢素不獲展，厭厭竟夜月〔四〕。

【校】

〔一〕稿本此句有校語『劉是息交逝閑卧，坐起弄書琴』，又有校語如下文。

〔二〕『非』字，稿本無。

〔三〕『其二』原無，據稿本補。按底本於組詩之下均未標識其一其二云云，下皆據稿本補，不復一一出校。

〔四〕『夜月』，稿本作『良月』。

和和郭主簿

清明日，聞過誦書，聲節閑美。感念少時，悵然追懷先君宮師之遺意，且念淮、德二幼孫。無以自遣，乃和淵明二篇，隨意所寓，無復倫次也。

今日復何日，高槐布初陰。良辰非虚名，清和盈我襟。孺子卷書坐，誦詩如鼓琴。却念四十年，玉顔如汝今。【評】句奇。閉户未嘗出，出爲鄰里欽。家世事酉古，百史手自斟。當年二老人，喜我作此音。淮德入我夢，角羈未勝簪。孺子笑問我，君何念之深？

其二

雀鷇含淳音，竹萌抱静節。誦我先君詩，肝肺爲澄澈。猶爲鳴鶴和，未作獲麟絶。願因騎鯨李，追此御風列。丈夫貴出世，功名豈人傑？家書三萬卷，獨取服食訣。地行即空飛，何必挾日月？【評】味同嚼蠟，柰何柰何！

於王撫軍座送客

秋日淒且厲，百卉具已腓。爰以履霜節，登高餞將歸。寒氣冒山澤，遊雲倏無依。【評】是冬景。洲渚思綿邈，風水互乖違。瞻夕欣良讌，欣，一作欲，非。〔一〕離言聿云悲。晨鳥暮來還，懸車斂餘暉。逝止判殊路，逝，一作遊，非。旋駕悵遲遲。目送回舟遠，情隨萬化遺。

【校】

〔一〕此句稿本作『瞻夕欲良讌』，校云『劉是欣』。

和王撫軍座送客 再送張中

胸中有佳處，海瘴不能腓。三年無所愧，十口今同歸。汝去莫相憐，我生本無依。相從大塊中，幾合幾分違。莫作往來相，而生愛見悲。悠悠含山日，炯炯留清輝〔一〕。懸知冬夜長，不恨晨光遲。夢中無與別，作詩記忘遺。

【評】古來處困，獨彭澤一人。東坡記榔梲，子厚賦囚山，語雖曠達，終帶牢騷。

【校】

〔一〕『清輝』，稿本作『清暉』。

與殷晉安別 景仁，名鐵

殷先作晉安南府長史掾，因居潯陽。後作太尉劉裕〔一〕參軍，移家東下，作此以贈。

遊好非久長，【批】一作非少長。一遇盡殷勤。信宿酬清話，益復知爲親。去歲家南里，薄作少時鄰。負杖肆游從，淹留忘宵晨。語默自殊勢，亦知當乖分。未謂事已及，興言在茲春。飄飄西來風，悠悠東去雲。山川千里外，言笑難爲因。良才不隱世，江湖多賤貧。脱有經過便，念來存故人。

【校】

〔一〕稿本無『劉裕』小字。

和與殷晉安别 和送昌化軍使張中罷官赴闕

孤生知永棄，末路嗟長勤。久安儋耳陋，日與雕題親。海國此奇士，官居我東鄰。卯酒無虚日，夜棋有達晨。小甕多自釀，一瓢時見分。仍將對床夢，伴我五更春。【評】張軍使亦是可人。暫聚水上萍，忽散風中雲。恐無再見日，笑談來生因。空吟清詩送，不救歸裝貧。

贈羊長史 松齡

左軍羊長史，銜使秦川，作此與之。

愚生三季後，慨然念黄虞。得知千載外，正賴古人書。正，一作政。〔一〕賢聖留餘跡，事事在中都。豈忘游心目，關河不可踰。九域甫已一，逝將理舟輿。聞君當先邁，負痾不獲俱。路若經商山，爲我少躊躇。多謝綺與角，精爽今何如？【評】置身高遠，何等眼界！紫芝誰復採，深谷久應蕪。駟馬無貰患，貧賤有交娱。清謡結心曲，人乖運見踈。擁懷累代下，言盡意不舒。盡，

一作素。〔二〕

【校】

〔一〕此條校語稿本無。

〔二〕此條校語稿本無。

和贈羊長史

得鄭會嘉靖老書，欲於海舶載書千餘卷見借。因讀淵明《贈羊長史》詩云〔一〕：『愚生三季後，慨然念黃虞。得知千載事，上賴古人書。』次其韻以謝鄭君。

我非皇甫謐，門人如摯虞。不特兩鴟酒，肯借一車書。欲令海外士，觀經似洪都〔二〕。結髮事文史，俯仰六十餘〔三〕。老馬不耐放，長鳴思服輿。故知根塵在，未免病藥俱。念君千里足，歷塊猶踟躕。好學真伯業，比肩可相如。此書久已熟，救我今荒蕪。顧慚桑榆迫，豈厭詩酒娛？奏賦病未能，草玄老更疎。猶當距楊墨，稍欲懲荆舒。

【評】凡踵韻詩，落想愈奇，押韻愈穩，布置結撰愈自然，方稱傑作。東坡碌碌，因人成事而已，尚未夢見。

【校】

〔一〕『詩』，原作『書』，據稿本改。

〔二〕『洪都』，稿本作『鴻都』。

〔三〕『餘』，稿本作『踰』。

歲暮和張常侍

市朝悽舊人，驟驥感悲泉。【批】《淮南子》日至悲泉，是謂玄車驟驥，言白駒之過隙也。明旦非今日，歲慕余何言。素顔斂光潤，白髮一已繁。闊哉秦穆談，旅力豈未愆。向夕長風起，寒雲没西山。厲厲氣遂嚴，厲厲，一作洌洌。〔一〕紛紛飛鳥還。【評】孔子於定、哀之間，每多微詞；淵明於晉、宋之交，亦多隱語。民生鮮常在，矧伊愁苦纏。屢闕清酤至，無以樂當年。窮通靡攸慮，顦顇由化遷。撫己有深懷，履運增慨然。

【校】

〔一〕此條校語稿本無。

和歲暮和張常侍

十二月二十五日，酒盡，取米欲釀，米亦竭。時吴遠遊、陸道士客於余，因讀淵明《歲暮和張常侍》，亦以無酒爲歎，乃用其韻贈二子。

我生有天禄，玄膺流玉泉。何事陶彭澤，乏酒每形言。仙人與道士，自養豈在繁。但使荆棘除，不憂梨棗愆。我年六十一，頹景薄西山。歲暮似有得，稍覺散亡還。有如千丈松，常苦弱蔓纏。養我歲寒枝，會有解脱年。【評】此言見道。米盡初不知，但覺飢鼠遷。二子真我客，不醉亦陶然。

和胡西曹示顧曹 一作顧賊曹〔一〕

蕤賓五月中，清朝起南颸。【批】一作威颸。不駛亦不遲，飄飄吹我衣。重雲蔽白日，閑雨紛微微。流目視西園，曄曄榮紫葵。【評】陶詩亦復不佳。於今甚可愛，奈何當復衰。一作當樂行復衰，非。感物願及時，每恨靡所揮。悠悠待秋稼，寥落將賒遲。逸想不可淹，猖狂獨長悲。

【校】

〔一〕稿本正題作『和胡西曹示顧賊曹』，東坡和詩同，此條校語無。

和和胡西曹示顧曹

長春如稚女，飄摇倚輕颸。卯酒暈玉頰，紅綃卷生衣。低顔香自斂，含睇意頗微。寧當娣黄菊，未肯姒戎葵。【評】此等語，安可唐突淵明！誰言此弱質，閲世觀盛衰。頩然疑薄怒，沃盥未可揮。瘴雨吹蠻風，凋零豈容遲？老人不解飲，短句餘清悲。

始作鎮軍參軍經曲阿

弱齡寄外事，委懷在琴書。被褐欣自得，屢空常晏如。【評】起得軒舉。時來苟冥會，婉孌一作踠躄。憩通衢。投策命晨裝，暫與園田一作田園。〔一〕疎。眇眇孤舟逝，緜緜歸思紆。我行豈不遥，登陟千里餘。目倦川塗異，心念山澤居。望雲慚高鳥，臨水愧游魚。【評】步步惜别。真想初在襟，誰謂形跡拘？聊且憑化遷，終返班生廬。【批】班賦：求幽真之所廬。

【校】

〔一〕此條校語稿本作『劉是田園』。

和始作鎮軍參軍經曲阿

虞人非其招，欲往畏簡書。穆生責醴酒，先見我不如。江左古弱國，强臣擅天衢。淵明墮詩酒，遂與功名踈。我生值良時，朱金義當紆。天命適如此，幸收廢棄餘。獨有愧此翁，大名難久居。不思犧牛龜〔一〕，兼收熊掌魚。北郊有大賚，南冠解囚拘。眷言羅浮下，白鶴返故廬。

【校】

〔一〕『不思』，稿本作『不取』。

乙巳歲三月爲建威參軍使都經錢溪

我不踐斯境，歲月好已積。晨夕看山川，事事悉如昔。微雨洗高林，清飇矯雲翮。眷彼品物存，義風都未隔。伊余何爲者，勉勵從茲役。一形似有制，素襟不可易。園田日夢想，安得久離析。析，一作拆。〔一〕終懷在歸舟，歸，一作蝅，非。諒哉宜霜柏。宜，一作負，非。

【評】淵明在世出世，其有所思，不可測識。身在隱居，日日不忘社稷；身在行役，日日不忘畎畝。不知其貽情終在何處。

【校】

〔一〕稿本此句作『安得久離拆』，此條校語無。

和乙巳歲三月爲建威參軍使都經錢溪 和遊城北謝氏廢園作

喬木卷蒼藤，浩浩崩雲積。謝家堂前燕，對語悲宿昔。【評】好景致！仰看桄榔樹，玄鶴舞長翮。新年結荔子，主人黄壤隔。溪陰宜館我，稍省薪水役。相如賣車騎，五畝亦可易。但恐鵩鳥來，此生還蕩析。誰能插籬槿，護此殘竹柏？

還舊居

疇昔家上京，【批】《南康志》：近城五里，地名上京。六載去還歸。六，一作十，非。今日始復來，惻愴多所悲。阡陌不移舊，邑屋或時非。【評】雞犬隔籬，呼之或出。履歷周故居，鄰老罕復遺。步步尋往跡，有處特依依。流幻百年中，寒暑日相推。常恐大化盡，氣力不及衰。撥置且莫念，一觴聊可揮。

和還舊居夢歸惠州白鶴山居作

瘘人常念起，夫我豈忘歸？不敢夢故山，恐興墳墓悲。【評】泫然，此語便勝彭澤。生世本暫寓，此身念念非。鵝城亦何有，偶拾鶴毳遺。窮魚守故沼，聚沫猶相依。大兒當門户，時節供丁推。夢與鄰翁言，憫默憐我衰。往來付造物，未用相招麾。

己酉歲九月九日

靡靡秋已夕，凄凄風露交。蔓草不復榮，園木空自彫。清氣澄餘滓，杳然天界高。哀蟬無留響，留，一作歸，非〔一〕。叢雁鳴雲霄。叢，一作燕，非。〔二〕【評】深秋之景，摹擬獨絶。萬化相尋繹，人生豈不勞！從古皆有没，念之中心焦。何以稱我情，濁酒且自陶。千載非所知，聊以永今朝。

【校】

〔一〕稿本校語『留』上有『宋本作』三字。

〔二〕此條校語稿本無。

和己酉歲九月九日

十月初吉菊始開，乃與客作重九，因次韻淵明《己酉歲九月九日》一首。胡廣飲菊潭水而壽〔一〕，然《李固傳贊》云，其視胡廣、趙戒，猶糞土也。

今日我重九，誰謂秋冬交？黄花與我期，草中寔後凋。香餘白露乾，色映青松高。悵望南陽野，古潭霏慶霄。伯始真糞土，平生夏畦勞。飲此亦何益，内熱中自焦。持我萬家春，一酹五柳陶。夕英幸可掇，繼此木蘭朝。

【評】意味索然。

【校】

〔一〕『飲』，稿本誤作『餘』。

庚戌歲九月中於西田穫早稻

人生歸有道，衣食固其端。孰是都不營，而以求自安？開春理常業，歲功聊可觀。晨出肆微勤，日入負耒還。耒，一作禾，非。山中饒霜露，風氣亦先寒。田家豈不苦，弗獲辭此難。四體誠已疲，已，一作乃。〔一〕庶無異患干。盥濯息簷下，斗酒散襟顔〔二〕。遥遥沮溺心，千載乃相關。但願長如此，躬耕非所歎。

【評】耕耔自喜，雖是高人寄跡，亦是隱居生業。有志林泉，不得不加意田舍。

【校】

〔一〕稿本此句作『四體誠乃疲』，校云『劉是已』。

〔二〕稿本此句有校語『一作劬，非』，按『襟』一作『劬』。

和庚戌歲九月中於西田穫早稻

蓬頭二獠奴，誰謂愿且端？晨興洒掃罷，飽食不自安。願治此圃畦，少資主游觀。晝功不自覺，夜氣乃潛還。早韭欲争春，晚松先破寒〔一〕。人間無正味，美好出艱難。早知農圃樂，豈有非意干？尚恨不持鉏，未免騂我顔。此心苟未降，何適不間關？休去復歇去，菜食何所歎。

【評】東坡豪氣未除，何得便言稼穡？雖費揣摩，終屬勉强。

【校】

〔一〕『松』，稿本與底本同，當作『菘』。

丙辰歲八月中於下潠田舍穫【批】潠，蘇困切

貧居依稼穡〔一〕，戮力東林隈。不言春作苦，常恐負所懷。司田眷有秋，寄聲與我諧。飢者歡初飽，束帶候鳴鷄。揚檝越平湖，汎從清壑迴〔二〕。【評】佳句。鬱鬱荒山裡，猿聲閑且哀。悲風愛静夜，林鳥喜晨開。一作夜静，非。曰余作此來，三四星火頹。姿年逝已老。其事未云乖。遥謝荷蓧翁，聊得從君棲。

【校】

〔一〕稿本此句有校語『一作事，非』，按『依』一作『事』。

〔二〕『從』，稿本作『隨』。

和丙辰歲八月中於下潠田舍穫

聚糞西垣下，鑿泉東垣隈。勞辱何時休，宴安不可懷。天公豈相喜，雨霽與意諧。黄菘養土羔，老楮主樹雞。未忍便烹煮，繞觀日百迴。【評】老饕。跨海得遠信，冰盤鳴玉哀。茵陳點膾縷，照坐如花開。一與蜑叟辭，蒼顔兩摧頽。齒根日浮動，自與粱肉乖。食菜豈不足，呼兒拆鷄棲。【評】窘。

【評】坡老極狀。〔一〕

【校】

〔一〕此條評語原脱，據稿本補。

飲　酒　二十首并序

余閑居寡歡，兼此夜已長，偶有名酒，無夕不飲，顧影獨盡，忽焉復醉。既醉之後，輒題數句自娱，紙墨遂多，辭無詮次，聊命故人書之，以爲歡笑爾。

其一

衰榮無定在，彼此更共之。邵生瓜田中，寧似東陵時。寒暑有代謝，人道每如兹。達人解其會，會，一作趣，非。逝將不復疑。忽與一觴酒，日夕歡相持。

其二

積善云有報，夷叔在西山。善惡苟不應，何事空立言？九十行帶索，飢寒況當年。不賴固窮節，百世當誰傳。飢，一作饑，非。

其三

道喪向千載，人人惜其情。有酒不肯飲，但顧世間名。所以貴我身，豈不在一生。一生能復幾，倏如流電驚。鼎鼎百年内，持此欲何成？

其四

棲棲失群鳥，日暮猶獨飛。徘徊無定止，夜夜聲轉悲。厲響思清晨，遠去何所依。一作厲響思清遠，去來何依依，非。因值孤生松，因值，一作自植。〔一〕斂翮遥來歸。勁風無榮木，此蔭獨不衰。託身已得酒，酒，一作所，非。〔二〕千載不相違。【評】趙泉山謂此詩意在殷景仁〔三〕、顔延年輩，譏附宋也。

其　五

結廬在人境，而無車馬喧。問君何能爾，君，一作若。〔四〕心遠地自偏。採菊東籬下，悠然見南山。見，一作望，非。山氣日夕佳，飛鳥相與還。此中有真意，欲辨已忘言。【評】張九成評此詩：即此是淵明畎畝不忘君之意。

其　六

行止千萬端，誰知非與是。是非苟相形，雷同共譽毁。三季多此事，達士似不爾。咄咄俗中愚，愚，一作惡，非。〔五〕且當從黄綺。【評】亦是微詞。

其　七

秋菊有佳色，裛露掇其英。汎此忘憂物，遠我遺世情。一觴雖獨進，杯盡壺自傾。日入群動息，歸鳥趨林鳴。嘯傲東軒下，聊復得此生。【評】東坡曰：靖節以無事爲得此生，則見役於物者，非失此生耶？【批】韓子蒼曰：古人寄懷於物而無所好，然後爲達。淵明之於黄花，直寓意耳。至言飲酒適意，亦非淵明極致。向使無酒，但悠然見南山，其樂多矣；遇酒輒醉，醉醒之後，豈知有江州太守哉？當以此論淵明。

其八

青松在東園，衆艸没奇姿〔六〕。凝霜殄異類，卓然見高枝。連林人不覺，獨樹衆乃奇〔七〕。提壺挂寒柯，遠望時復爲。吾生夢幻間，何事紲塵羈。【評】元亮置身高潔，真是濯魄冰壺！

其九

清晨聞叩門，倒裳往自開。問子爲誰與〔八〕，田父有好懷。壺漿遠見候，疑我與時乖。繿縷茅簷下，未足爲高棲。一世皆尚同，願君汨其泥。深感父老言，禀氣寡所諧。紆轡誠可學，違己詎非迷！且共歡此飲，吾駕不可回。【評】時輩多勸淵明出仕，故作是篇。

其十

在昔曾遠遊，直至東海隅。道路迥且長，風波阻中塗。阻，一作起，非。〔九〕此行誰使然，似爲飢所驅。傾身營一飽，少許便其餘〔一〇〕。恐此非名計，息駕歸閑居。【評】述其爲貧而仕。

其十一

顔生稱爲仁，榮公言有道。屢空不獲年，長飢至于老。雖留身後名，一生亦枯槁。死去何所知，稱心固爲好。客養千金軀，客，一作各，非。臨化消其寶。裸葬何必惡，人當解意表。【評】東坡曰：寶不過軀，軀化則寶亡矣。人言靖節不知道，吾不信也。

其十二

長公【批】張摯。曾一仕，壯節忽失時。杜門不復出，終身與世辭。仲理【批】楊倫。歸大澤，高風始在兹。在，一作如，非。一往便當已，何爲復狐疑？去去當奚道，世俗久相欺。擺落悠悠談，請從余所之。

其十三

有客常同止，趣捨邈異境。一士長獨醉，一夫終年醒。醒醉還相笑，發言各不領。【評】洞入心骨。規規一何愚，兀傲差若穎。寄言酣中客，日没燭何炳。一作日没燭當秉，非。〔一一〕

其十四

故人賞我趣，挈壺相與至。班荆坐松下，數斟已復醉。父老雜亂言，觴酌失行次。【評】好賓朋，好意致。不覺知有我，安知物爲貴。悠悠迷所留，酒中有深味。

其十五

貧居乏人工，灌木荒余宅。班班有翔鳥，寂寂無行跡。宇宙何悠悠，一作宇宙一何悠，非。人生少至百。歲月相從過，從過〔一二〕，一作催逼，非。鬢邊蚤已白。若不委窮達，素抱深可惜。【評】窮達都委，方得素抱，政宜參究。

其十六

少年罕人事，游好在六經。行行向不惑，淹留遂無成〔一三〕。竟抱窮苦節，窮苦，一作固窮。〔一四〕飢寒飽所更。弊廬交悲風，荒草没前庭。披褐守長夜，晨雞不肯鳴。孟公【批】陳遵。不在兹，終以翳吾情。

其十七

幽蘭生前庭，含薰待清風。清風脱然至，見别蕭艾中。行行失故路，任道或能通。覺悟當念還，鳥盡廢良弓。【評】淵明高節清標，歷歷言表。以『飲酒』名篇，大有深意。

其十八

子雲性嗜酒，家貧無由得。時賴好事人，載醪袪所惑。觴來爲之盡，是諮無不塞。有時不肯言，豈不在伐國。仁者用其心，何嘗失顯默。【評】湯東澗曰〔一五〕：托子雲以自況，故以柳下惠終之。

其十九

疇昔苦長飢，投耒去學仕。將養不得節，凍餒固纏己。是時向立年，志意多所恥。遂盡介然分，拂衣歸田里。拂衣〔一六〕，一作終死。冉冉星氣流，亭亭復一紀。世路廓悠悠，楊朱所以止〔一七〕。雖無揮金事，濁酒聊可恃〔一八〕。【評】備述其仕隱之節。【批】張協《詠二踈》詩：揮金樂當年。

其二十

羲農去我久，舉世少復真。汲汲魯中叟，彌縫使其淳。鳳鳥雖不至，禮樂暫得新。得，一作時。洙泗輟微響，漂流逮狂秦。逮，一作遠，非。〔一九〕詩書復何罪，一朝成灰塵。區區諸老翁，爲事誠殷勤。如何絕世下，六籍無一親。終日馳車走，不見所問津。若復不快飲，空負頭上巾。但恨多謬誤，君當恕醉人。【評】東坡曰：此未醉時語也〔二〇〕。若已醉，何暇憂誤哉？然世人言醉時是醒語，此語名通。

【校】

〔一〕此句稿本作『自植孤生松』，校云『劉是因』。

〔二〕此句稿本作『託身已得所』，校云『劉是得酒』。

〔三〕稿本無『趙泉山謂』四字。

〔四〕此條校語原有，復删去，稿本無。
〔五〕此條校語稿本無。
〔六〕稿本此句有校語『劉是其』，按『奇』一作『其』。
〔七〕稿本此句有校語『一作知，非』，按『奇』一作『知』。
〔八〕『爲誰與』，稿本作『謂誰歟』。
〔九〕此條校語稿本無。
〔一〇〕稿本此句有校語『劉是有』，按『其』一作『有』。
〔一一〕此句稿本作『日没獨何炳』，校云『宋本獨何炳，一作燭當秉，非』。
〔一二〕稿本校語『從過』上有『宋本作』三字。
〔一三〕稿本此句有校語『一作自，非』，按『遂』一作『自』。
〔一四〕稿本此句作『竟抱固窮節』，校云『劉作窮苦節』。
〔一五〕稿本無『湯東澗曰』四字。
〔一六〕稿本校語『拂衣』上有『宋本』二字，『終死』下有『非』字。
〔一七〕稿本此句有校語『一作生，非』，按『朱』一作『生』。
〔一八〕稿本此句有校語『劉是酌』，按『濁』一作『酌』。
〔一九〕此條校語稿本無。
〔二〇〕『語』，稿本作『設』。

和飲酒二十首

吾飲酒至少，常以把杯爲樂，往往頽然坐睡。人見其醉，而吾中了然，蓋莫能名其爲醉爲醒也。在揚州時，飲酒過午輒罷，客去，解衣盤礴，終日歡不足而適有餘。因和淵明《飲酒》二十首，庶以髣髴其不可名者，示舍弟子由、晁無咎學士。

其　一

我不如陶生，世事纏綿之。云何得一適，亦有如生時。寸田無荆棘，佳處正在兹。縱心與事往，所遇無復疑。偶得酒中趣，空杯亦常持。【評】是效顰無絃琴。

其　二

二豪詆醉客，氣湧胸中山。漼然忽冰釋，亦復在一言。嗇氣寔其腹，云當享長年。少飲得徑醉，此秘君勿傳。

其　三

道喪士失己，出語輒不情。江左風流人，醉中亦求名。淵明獨清真，談笑得此生。【評】晉士鉄案，受之不愧。身如受風竹，掩冉衆葉驚。俯仰各有態，得酒詩自成。

其四

蠢蠕食葉蟲，仰空慕高飛。一朝傅兩翅，乃得粘網悲。啁啾厭巢雀，沮澤疑可依。赴水生兩殼，遭閉何時歸？【評】妙喻可憐，亦復可笑。二蟲竟誰是，一笑百念衰。幸此未化間，有酒君莫違。

其五

小舟真一葉，下有暗浪喧。夜棹醉中發，不知枕几偏。天明問前路，已度千金山。嗟我亦何爲，此道常往還。未來寧早計，既往復何言。

其六

百年六十化，念念竟非是。是身如虚空，誰受譽與毀。得酒未舉杯，喪我固忘爾。倒牀自甘寢，不擇菅與綺。

其七

頃者大雪年，海派翻玉英。【評】五字雪詩最惡道。有士常痛飲，飢寒見真情。牀頭有敗榼，孤坐時一傾。未能平龡粟，且復澆腸鳴。脱衣裹凍酒，每醉念此生。

其八

我坐華堂上，不改麋鹿姿。時來蜀岡頭，喜見霜松枝。心知百尺底，已結千歲奇。煌煌凌霄花，纏繞復何爲？舉觴酹其根，無事莫相羈。【評】喻言最妙。

其九

芙蓉在秋水，時節自闔開。清風亦何意，入我芝蘭懷。一隨採折去，永與江湖乖。斷絲不復續，斗水何足棲。不如玉井蓮，結根天池泥。感此每自慰，吾事幸不諧。酒中有歸路，了了初不迷。【評】醉醒還相笑，發言各不領。乘流且復逝，抵曲吾當迴。

其十

籃輿兀醉守，路轉古城隅。酒力如過雨，清風消半途。前山正可數，後騎且勿驅。【評】此時相傳東坡死信，黄山谷讀至『前山正可數，後騎且勿驅』，拍案曰：『此老不死！』我緣在東南，往寄白髮餘。遥知萬松嶺，下有三畝居。

其十一

民勞吏無德，歲美天有道。暑雨避麥秋，温風送蠶老。三咽初有聞，一溉未濡槁。詔書寬積欠，父老顔色好。再拜賀吾君，獲此不貪寶。頽然笑阮籍，醉几書謝表。

其十二

我夢入小學，自謂總角時。不記有白髮，猶誦論語辭。人間本兒戲，顛倒畧似兹。惟有醉時真，空洞了無疑。墜車終無傷，莊叟不吾欺。呼兒具紙筆，醉語輒録之。

其十三

醉中雖可樂，猶是生滅境。云何得此身，不醉亦不醒。【評】亦非了手。癡如景升牛，莫保尻與領。黠如東郭㕙，束縛作毛潁。乃知嵇叔夜，非坐虎文炳。【評】請問東坡束作毛潁，還是生是滅？勿得沉吟。

其十四

我家小馮君，天性頗純至。清坐不飲酒，而能容我醉。歸休要相依，謝病當以次。豈知山林士，骯髒乃爾貴。乞身當念早，過是恐少味。【評】凡説子由，津津不置。古今友愛至誼[一]，自以眉山第一。

其十五

去鄉三十年，風雨荒舊宅。惟存一束書，寄食無定迹。每用愧淵明，尚取禾三百。頎然六男子，粗可傳清白。於吾豈不多，何事復歎惜？

其十六

曉曉六男子，絃誦各一經。復生五丈夫，戢戢丁欲成。歸田了門户，與國充殘更。普兒初學語，玉骨開天庭。淮老如鶴雛，破殼已能鳴。淮老，東坡孫名。[二]舉酒屬千里，一歡愧凡情。

其十七

淮海雖故楚，無復輕揚風。齋厨聖賢雜，無事時一中。誰言大道遠，正賴三杯通。使君不夕坐，衙門散刀弓。

其十八

何人築東臺，一郡坐可得。亭亭古浮圖，獨立表衆惑。蕪城閱興廢，雷塘幾開塞。明年起華堂，置酒弔亡國。無令竹西路，歌吹久寂默。

其十九

晁子天麒麟，結交及未仕。高才固難及，雅志或類已。各懷伯業能，共有丘明耻。歌呼時就君，指我醉鄉里。吴國門下客，賈誼獨見紀。請作鵩鳥賦，我亦得坎止。行樂當及時，緑髪不可恃。

其二十

蓋公偶談道，齊相獨適真。頹然不事事，客至先飲醇。當時劉項罷，四海創痍新。三杯洗戰國，一斗銷彊秦。寂寥千載後，陽公嗣前塵。醉卧客懷中，言笑徒多勤。我時閱舊史，獨與三人親。未暇餐脱粟，苦心學平津。草書亦何用，醉墨淋衣巾。一揮三十幅，持去聽坐人。

【評】意味都盡。

【校】

〔一〕『至誼』原脱，據稿本補。

〔二〕此條小注原脱，據稿本補。

止　酒

居止次城邑，逍遥自閑止。坐止高蔭下，步止蓽門裏。好味止園葵，大懽止稚子。平生不止酒，止酒情無喜。暮止不安寢，晨止不能起。日日欲止之，營衛止不理。徒知止不樂，未信止利己。始覺止爲善，今朝真止矣。從此一止去，將止扶桑涘。清顔止宿容，奚止千萬祀。

【評】每句藏一止字，讀者不覺。

和止酒

丁丑歲，余謫海南，子由亦貶雷州。五月十一日，相遇於藤，同行至雷。六月十一日，相别渡海。余時病痔呻吟，子由亦終夕不寐〔二〕。因誦淵明詩，勸余止酒。乃和元韻，因以贈别，庶幾真止矣。

【評】淵明止不在酒，子由亦非勸子瞻止酒，意各有在，明眼自知。

時來與物逝，路窮非我止。與子各意行，同落百蠻裏。蕭然兩别駕，各攜一稚子。子室有孟光，我室惟法喜。相逢山谷間，一月同卧起。茫茫海南北，粗亦足生理。勸我師淵明，力薄且爲己。微痾坐杯勺，止酒則瘳矣。望道雖未濟，隱約見津涘。從今東坡室，不立杜康祀。

【校】

〔一〕『終夕不寐』，稿本原作『至雷木寢』，復改如今語。

擬古九首

榮榮窗下蘭，密密堂前柳。初與君别時，不謂行當久。出門萬里客，中道逢嘉友。未言心相醉，不在接杯酒。蘭枯柳亦衰，遂令此言負。一作時没自還朽，非。多謝諸少年，相知不忠厚。忠，一作相，非。【評】多謝二字，令少年自愧。意氣傾人命，離隔復何有。

其　二

辭家夙嚴駕，當往志無終。問君今何行，非商復非戎。聞有田子春，【批】田疇。節義爲士雄。斯人久已死，鄉里習其風。【評】田子春是元亮極得意人，情見乎詞。生有高世名，既没傳無窮。不學狂馳子〔一〕，直在百年中。

其　三

仲春遘時雨，始雷發東隅。衆蟄各潛駭，草木從横舒。翩翩新來燕，雙雙入我廬。先巢故尚在，相將還舊居。【評】思先巢、思舊居，皆是故宫離黍之感。自從分别來，門庭日荒蕪。我心固匪石，君情定何如。【批】心字，《陶公手録詩卷》作情。

其　四

迢迢百尺樓，分明望四荒。暮作歸雲宅，朝爲飛鳥堂。山河滿目中，平原獨茫茫。【批】獨字，一作轉，非。古時功名士，慷慨争此場。一旦百歲後，相與還北邙。松柏爲人伐，高墳互低昂。頽基無遺主，游魂在何方？榮華誠足貴，亦復可憐傷。【評】百戰争雄圖，葬骨止五步，于此着想，百事俱淡。

其　五

東方有一士，被服常不完。三旬九遇食，【批】《説苑》：子思三旬九食。十年着一冠。辛苦無此比，常有好容顔。我欲觀其人，晨去越河關。青松夾路生，白雲宿簷端。知我故來意，取琴爲我彈。上弦驚别鶴，下弦操孤鸞。【評】如此意景，白雲天際。願留就君住，從今至歲寒。

其　六

蒼蒼谷中樹，冬夏常如兹。年年見霜雪，誰謂不知時？【評】元亮處世，尚然多少躊躕，多少疑畏。吾輩莽壯粗豪，其何能淑？　厭聞世上語，結友到臨淄。稷下多談士，指彼決吾疑。裝束既有日，已與家人辭。行行停出門，還坐更自思。不怨道里長，但畏人我欺。萬一不合意，永爲世笑嗤。嗤，一作之，非。　伊懷難具道，爲君作此詩。【批】嗤，《陶公手録詩卷》作之。

其　七

日暮天無雲，春風扇微和。佳人美清夜，達曙酣且歌。歌竟長歎息，持此感人多。皎皎雲間月，灼灼葉中華，豈無一時好，不久當如何〔二〕？【評】泣數行下。

其　八

少時壯且厲，撫劍獨行游。誰言行游近，張掖至幽州。飢食首陽薇，渴飲易水流。【評】是淵明飲食。　不見相知人，惟見古時丘。惟見，一作純是，非。〔三〕　路邊兩高墳，伯牙與莊周。此士難再得，吾行欲何求。【評】子期死而伯牙破琴不彈，惠施卒而莊周深瞑不語，捻言知己難得，歎孤陋也。

其　九

種桑長江邊，三年望當採。枝條始欲茂，忽值山河改。柯葉自摧折，根株浮滄海。春蠶既無食，寒衣欲誰待？　誰，一作相，非。〔四〕　本不植高原，今日復何悔。【評】古來氷霜節操，必是臨深履薄〔五〕。【批】東澗曰：業成志樹而時代遷革，不復可騁。然斯時矣，奚所歸悔耶？

【校】

〔一〕稿本此句有校語『一作驅，非』，按『狂』一作『驅』。

〔二〕『如何』，稿本作『何如』。

〔三〕此條校語稿本無。

〔四〕此條校語稿本無。

〔五〕『臨深履薄』，稿本作『履薄臨深』。

和擬古九首

【評】元亮語短情長，子瞻詞繁意簡，是其二人優劣。

有客叩我門，繫馬門前柳。庭空鳥雀散，門閉客立久。主人枕書卧，夢我平生友。忽聞剥啄聲，驚散一杯酒。倒裳起謝客，夢覺兩愧負。坐談雜今古，不答顔愈厚。問我何處來，我來無何有。

其　二

酒盡君可起，我歌已三終。由來竹林人，不數濤與戎。有酒從孟公，慎勿從楊雄。崎嶇頌沙麓，塵埃汙西風。昔我未嘗達，今者亦安窮。窮達不到處，我在阿堵中。

其　三

客去室幽幽，鵩鳥來坐隅。引吭伸兩翮，太息意不舒。吾生如寄耳，何者爲我廬。去此復何之，少安與汝居。夜中聞長嘯，月露荒榛蕪。無問亦無答，吉凶兩何如？

其　四

少年好遠遊，蕩志隘八荒。九夷爲藩籬，四海環我堂。盧生與若士，何足期杳茫。稍喜海南州，自古無戰場。奇峰望黎母，何異嵩與邙？飛泉瀉萬仞，舞鶴雙低昂。分流未入海，膏澤彌此方。芋魁儻可飽，無肉亦奚傷！

其　五

黎山有幽子，形槁神獨完。負薪入城市，笑我儒衣冠。生不聞詩書，豈知有孔顏。翛然獨往來，榮辱未易關。日暮鳥獸散，家在孤雲端。問答了不通，歎息指屢彈。似言君貴人，草莽棲龍鸞。遺我吉貝布，海風今歲寒。〔一〕

其　六

馮洗古烈婦，翁媪國于兹。策勳梁武後，開府隋文時。三世更險易，一心無磷緇。錦傘平積亂，犀渠破餘疑。廟貌空復存，碑板漫無辭。我欲作銘誌，慰此父老思。遺民不可問，僂句莫予欺。犦牲菌雞卜，我當一訪之。銅鼓壺盧笙，歌此迎送詩。【評】芻狗犧牛，繪畫雖工，都非本色。

其　七

沉香作庭燎，甲煎紛相和。豈若注微火，縈煙嫋清歌。貪人無飢飽，胡椒亦求多。朱劉兩狂子，隕隊如風花。本欲竭澤漁，奈此明年何。

其　八

鷄窠養鶴髮，及與唐人游。來孫亦垂白，頗識李崖州。再逢盧與丁，閲世真東流。斯人今在亡，未遽掩一丘。我師吴季子，守節到晚周。一見春秋末，渺焉不可求。

其　九

城南有荒池，瑣細誰復採？幽姿小芙蕖，香色獨未改。欲爲中州信，浩蕩絶雲海。遥知玉井蓮，落蘂不相待。攀躋及少壯，已矣那容悔！【評】徒具他人面目，不露自己精神，雖説得亂墮天花，終同嚼蠟。

【校】

〔一〕『黎山有幽子』一首，原置於第九首，今據陶詩順序移正。

雜詩十二首

人生無根蔕，飄如陌上塵。分散逐風轉，此已非常身。落地爲兄弟，何必骨肉親？得歡當作樂，斗酒聚比隣。盛年不重來，一日難再晨。及時當勉勵，歲月不待人。

其二

白日淪西河，素月出東嶺。遥遥萬里輝，蕩蕩空中景。風來入房户，夜中枕席冷。氣變悟時易，不眠知夕永。【批】譃菴云：宋人口吻。欲言無予和，揮杯勸孤影。【評】淵明詩每於議論中插入摹景數語，必以冷艶驚人。日月擲人去，有志不獲騁。【批】志，一作意，非。念此懷悲悽，終曉不能静。

其三

榮華難久居，盛衰不可量。昔爲三春蕖，今作秋蓮房。嚴霜結野艸，枯悴未遽央。日月還復周，一作日月有環周，非。〔一〕我去不再陽，眷眷往昔時，憶此斷人腸。【批】湯東澗曰：此篇亦感興亡之意。

其四

丈夫志四海，我願不知老。親戚共一處，子孫還相保。觴絃肆朝日，罇中酒不燥。【評】多謝元亮言之再三，嗟我世人，亦省得未？緩帶盡歡娛，起晚眠常蚤。孰若當世士，冰炭滿懷抱。百年歸丘壟〔二〕，用此空名道。

其五

憶我少壯時，無樂自欣豫。猛志逸四海，騫翮思遠翥。荏苒歲月頹，此心稍已去。值歡無復娛，每每多憂慮。氣力漸衰損，轉覺日不如。壑舟無須臾，引我不得住。前塗當幾許，未知止泊處。古人惜分陰〔三〕，念此使人懼。【評】要想此寸陰中所做何事，故珍重惜之。

其六

昔聞長者言，掩耳每不喜。奈何五十年，忽已親此事。求我盛年歡，一毫無復意。去去轉欲遠，此生難再值〔四〕。傾家時作樂，時作，一作持此。〔五〕竟此歲月駛。有子不留金，何用身後置？

其七

日月不肯遲，四時相催迫。寒風拂枯條，落葉掩長陌。弱質與運頽〔六〕，玄鬢蚤已白。【批】靖節早年髮白。素標插人頭，前塗漸就窄。家爲逆旅舍，我如當去客。去去欲何之，南山有舊宅。【評】請爲淵明下一轉語：身爲逆旅舍，我如當去客。去去欲何之〔七〕，何處有舊宅？

其八

代耕本非望，所業在田桑。躬親未曾替，寒餒常糟糠。豈期過滿腹，但願飽粳糧。御冬足大布，麄絺以應陽。正爾不能得，正，一作政。〔八〕哀哉亦可傷！人皆盡獲宜，拙生失其方。理也可奈何，且爲陶一觴。且，一作足，非。

其九

遥遥從羈役，一心處兩端。掩淚汎東逝，順流追時遷。日没星與昴，勢翳西山巔。蕭條隔天涯，惆悵念常湌。慷慨思南歸，路遐無由緣。關梁難虧替，絶音寄斯篇。

其十

閑居執蕩志，時駛不可稽。驅役無停息，軒裳逝東崕。沉陰擬薰麝，寒氣激我懷。一作汎舟擬董司，悲風激我懷。歲月有常御，我來淹已彌。慷慨憶綢繆，此情久已離。荏苒經十載，暫爲人所羈。庭宇翳餘木，倏忽日月虧。

其十一

我行未云遠，回顧慘風涼。春燕應節起，高飛拂塵梁。邊雁悲無所，代謝歸北鄉。離鵾鳴清池，涉暑經秋霜。愁人難爲辭，遥遥春夜長。

其十二

嫋嫋松標崕，婉孌柔童子。年始三五間，喬柯何可倚？一作柯條何滓滓，又作華柯真可寄。養色含津氣，粲然有心理。【評】東坡和陶無此一篇〔九〕。

【校】

〔一〕此條校語稿本作『宋本還復周，一作有環周，非』。

〔二〕稿本此句有校語『一作埽，非』，按『歸』一作『掃』。

〔三〕『分陰』，稿本作『寸陰』。

〔四〕稿本此句有校語『一作豈，非』，按『難』一作『豈』。
〔五〕稿本此句作『傾家持此樂』，校云『一作時，非』，又云『劉是作』。
〔六〕稿本此句有校語『一作興，非』，按『與』一作『興』。
〔七〕『去去』，稿本作『客去』。
〔八〕稿本校語作『劉是政』。
〔九〕『和陶』，稿本作『和詩』。

和雜詩十一首

斜日照孤隙，始知空有塵。微風動衆竅，誰信我忘身？一笑問兒子，與汝定何親？從我來南海〔一〕，幽絶無四鄰。耿耿如缺月，獨與長庚晨。此道固應爾，不當怨尤人。

其　二

故山不可到，飛夢隔五嶺。真游有黄庭，閉目寓兩景。室空無可照，火滅膏自冷。披皮起視夜，海闊河漢永。西窗半明月，散亂梧楸影。【評】好光景！良辰不可繫，逝水無由騁。我苗期後枯，持此一念静。

其　三

真人有妙觀，俗子多妄量。區區勸粒食，此豈知子房！我非徒跣相，終老懷未央。兔死縳淮陰，狗功指平陽。哀哉亦可羞，世路皆羊腸。

其　四

相如偶一官，嗤鄙蜀父老。不記犢鼻時，滌器混傭保。著書曾幾許，渴肺灰土燥。琴臺有遺魄，笑我歸不早。作書遺故人，皎皎我懷抱。餘生幸無愧，可與君平道。

其　五

孟德黠老狐，姦言嗾鴻豫。哀哉喪亂世，梟鸞各騰翥。逝者知幾人，文舉獨不去。天方斵漢室，豈計一郗慮。昆蟲正相齧，乃比藺相如。我知公所坐，大名難久住。細德方險微，豈有容公處。既往不可悔，庶爲來者懼。

其　六

博大真古人〔二〕，老聃關尹喜。獨立萬物表，長生乃餘事。稚川差可近，儻有接物意。我頃登羅浮，物色恐相值。徘徊朱明洞，沙水自清駛。滿把菖蒲根，歎息復棄置。

其七

藍橋近得道，常苦世褊迫。西游王屋山，不踐長安陌。爾來寧復見，鳥道度太白。昔與吳遠遊，同藏一瓢窄。潮陽隔雲海，晚歲儻見客。代薪供養火，看作棲鳳宅。

其八

南榮晚聞道，未肯化庚桑。陶頑鑄强獷，枉費塵與糠。越子古成之，韓生教休糧。參同得靈鑰，九鎖啓伯陽。鵝城見諸孫，貧苦我爲傷。空餘焦先室，不傳元化方。遺像似李白，一奠臨江觴。

其九

餘齡難把玩，妙解寄筆端。常恐抱永歎，不及丘明遷。親友復勸我，放心餞華顛。虚名非我有，至味知誰餐。思我無所思，安能觀諸緣。已矣復何歎，舊説易兩篇。

其十

申韓本自聖，陋古不復稽。巨君縱獨慾，借經作巇崕。遂令青衿子，珠璧人人懷。鑿齒井蛙耳，信謂天可彌。大道久分裂，破碎日愈離。我如終不言，誰悟角與羈。吾琴豈得已，昭氏有成虧。

其十一

我昔登朐山，日出觀滄涼。欲濟東海縣，恨無石橋梁。今茲黎母國，何異于公鄉。蠔浦既黏山，暑路亦飛霜。所欣非自罔，不怨道里長。

【校】

〔一〕『南海』，稿本作『海南』。

〔二〕『真古人』，稿本作『古真人』。

詠貧士七首

【評】淵明絕跡仕宦，潔意孤標，七詩是其寫照。

其一

萬族各有託，孤雲獨無依。曖曖空中滅，何時見餘暉？朝霞開宿霧，衆鳥相與飛。遲遲出林翮，未夕復來歸。一作已復歸，非。量力守故轍，豈不寒與飢？知音苟不存，已矣何所悲。

其二

淒厲歲云暮，擁褐曝前軒。擁，一作短，非。南圃無遺秀，枯條盈北園。傾壺絶餘瀝，闚竈不見煙。詩書塞座外，日昃不遑研。閑居非陳厄，竊有慍見言。何以慰吾懷，賴古多此賢。

其三

榮叟老帶索，欣然方彈琴。原生納決屨，屨，一作履。〔一〕清歌暢商音。商，一作高，非。〔二〕重華去我久，貧士世相尋。弊襟不掩肘，藜羹常乏斟。豈忘襲輕裘，苟得非所欽。賜也徒能辯，乃不見吾心。

其四

安貧守賤者，自古有黔婁。好爵吾不榮，厚餽吾不酬。一旦壽命盡，弊服仍不周。弊服仍，一作蔽覆乃，非。豈不知其極，非道故無憂。從來將千載，未復見斯儔。朝與仁義生，夕死復何求？【評】根本之言。

其　五

袁安困積雪，邈然不可干。阮公見錢入，即日棄其官。芻藁有常温，採莒足朝湌。莒，一作苡。〔三〕豈不寔辛苦？所懼非飢寒。【評】何等氣岸！貧富常交戰，道勝無戚顔。戚，一作厚，非。至德冠邦閭，清節映西關。

其　六

仲蔚愛窮居，遶宅生蒿蓬。翳然絶交游，賦詩頗能工。舉世無知者，者，一作音，非。止有一劉龔。此士胡獨然，寔由罕所同。介焉安其業，所樂非窮通。人事固以拙，聊得長相從。

其　七

昔在黄子廉，彈冠佐名州。一朝辭吏歸，清貧略難儔。年飢感仁妻，泣淚向我流。丈夫雖有志，固爲男女憂。惠孫一晤歎，腆贈竟莫酬。誰云固窮難，邈哉此前修。

【校】

〔一〕此句稿本作『原生納決履』，無校語。

〔二〕稿本校語『商』字上有『宋本』二字。

〔三〕此條校語稿本無。

和貧士七首

余遷惠州一年，衣食漸窘，重九將近，樽俎蕭然。乃和淵明《貧士》詩七首，以寄許下、高安、宜興諸子姪，并令過同作。

其　一

長庚與殘月，耿耿如相依。以我旦暮心，惜此須臾暉。青天無今古，誰知織烏飛？我欲作九原，獨與淵明歸。俗子不自悼，顧憂斯人飢。堂堂誰有此，千駟良可悲。

其　二

夷齊耻周粟，高歌誦虞軒。産禄彼何人？能致綺與園。古來避世士，死灰或餘烟。末路益可羞，朱墨手自研。淵明初亦仕，絃歌本誠言。不樂乃竟歸[一]，視世差獨賢。

其　三

誰謂淵明貧？尚有一素琴。心閑手自適，寄此無窮音。佳辰愛重九，芳菊起自尋。踈巾歎虛漉，塵爵笑空斟。忽餉二萬錢，顏生良足欽。思送酒家保，勿違故人心。

其　四

人皆有耳目，夫子曠與婁。弱毫寫萬象，水鏡無停酬。閒居惜重九，感此歲月周。端如孔北海，只有尊空憂。二子不並世，高風兩無儔。我後五百年，清夢未易求。

其　五

芙蓉雜金菊，枝葉長闌干。遥憐退朝人，餘酒出太官。豈知江海上，落英亦可餐。典衣作重陽，徂歲慘將寒。無衣粟我膚，無酒顰我顔。貧居真可歎，二事長相關。

其　六

老詹亦白髮，相對垂霜蓬。賦詩殊有味，涉世非所工。杖藜山谷間，狀類渤海龔。半道要我飲，意與王弘同。有酒我自至，不須遣龐通。門生與兒子，杖履聊相從。

其　七

我家六兒子，流落三四州。辛苦更不識，今與農圃儔。買田帶修竹，築室依清流。未能遣一力，分汝薪水憂。坐念北歸日，此勞未易酬。我獨遺以安，鹿門有前修。

【評】意既不純，語復夾襍。

【校】

〔一〕『竟』，稿本作『徑』。

詠二疏

大象轉四時，功成者自去。借問衰周來，幾人得其趣？【批】謔菴曰：拙句。游目漢庭中〔一〕，二疏復此舉。高嘯返舊居，長揖儲君傅。餞送傾皇朝，華軒盈道路。離別情所悲，餘榮何足顧。事勝感行人，賢哉豈常譽。厭厭閭里歡，所營非近務。近，一作所。〔二〕促席延故老，揮觴道平素。問金終寄心，清言曉未悟。放意樂餘年，遑恤身後慮。誰云其人亡，久而道彌著。

【校】

〔一〕『漢庭』，稿本作『漢廷』。

〔二〕此條校語稿本無。

和詠二疏

二疏事漢時，迹寓心已去。許侯何足道，寧識此高趣？可憐魏丞相，免冠謝陋舉。中興多名臣，有道獨兩傳。世途方轂擊，誰肯行此路？是身如委蜕，未蜕何所顧？已蜕則兩忘，身後誰毀譽？所以遺子孫，買田豈先務？我常游東海，所歷若有素。神交久從君，屢夢今乃悟。淵明作詩意，妙想非俗慮。庶幾二大夫，見微而知著。

詠三良

彈冠乘通津，但懼時我遺。服勤盡歲月，常恐功愈微。忠情謬獲露，遂爲君所私。出則陪文輿，入必侍丹帷。箴規嚮已從，計議初無虧。一朝長逝後，願言同此歸。同，一作從。〔一〕厚恩固難忘，君命安可違？臨穴罔遲疑，遲，一作惟。〔二〕投義志攸希。荆棘籠高墳，黄鳥聲正悲。良人不可贖，泫然沾我衣。

【校】

〔一〕此條校語稿本無。

〔二〕此條校語稿本無。

和詠三良

此生泰山重，忽作鴻毛遺。三子死一言，所死良已微。賢哉晏平仲，事君不以私。我豈犬馬哉，從君求蓋帷。殺身固有道，大節要不虧。君爲社稷死，我則同其歸。顧命有治亂，臣子得從違。魏顆真孝愛，三良安足希？仕宦豈不榮，有時纏憂悲。所以靖節翁，服此黔婁衣。

詠荆軻

【批】朱文公曰：淵明詩，人皆説平淡。看他自豪放得來，不覺其露出本相者，是《詠荆軻》一篇。平淡底人如何説得這樣言語出來？

燕丹善養士，志在報强嬴。招集百夫良，歲暮得荆卿。【評】忽着歲暮二字，何等鄭重。君子死知己，提劍出燕京。素驥鳴廣陌，慷慨送我行。雄髮指危冠，猛氣衝長纓。衝，一作充。〔一〕飲餞易水上，四座列群英。漸離擊悲筑，宋意唱高聲。蕭蕭哀風逝，淡淡寒波生。【評】風蕭蕭兮易水寒〔二〕，分作兩句尤妙。商音更流涕，羽奏壯士驚。心知去不歸，且有後世名。登車何時顧，飛蓋入秦庭。凌厲越萬里，逶迤過千城。圖窮事自至，豪主正怔營。惜哉劍術疏，奇功遂不成。其人雖已没，千載有餘情。一作斯人久已没，千載有深情。

【校】

〔一〕此句稿本作『猛氣充長纓』，校云『劉是衝』。

〔二〕『易水』，稿本作『渭水』。

和詠荆軻

秦如馬後牛，吕氏非復嬴。天欲厚其毒，假手李客卿。功成志自滿，積惡如陵京。滅身會有時，徐觀可安行。沙丘一狼狽，笑落冠與纓。太子不少忍，顧非萬人英。魏韓裂智伯，肘足本無聲。胡爲棄成謀，託國此狂生？荆軻不足説，田子老可驚。燕趙多奇士，惜哉亦虚名。殺父因其母，此豈容天庭？亡秦只三户，况我數十城。漸離雖不傷，陛戟加周營。至今天下人，愍燕欲其成。廢書一太息，可見千古情！

【評】二疏取其知退，三良取其狥主，荆軻取其報仇，元亮于此，深情一往。

讀山海經十三首

其一

孟夏草木長，遶屋樹扶踈。衆鳥欣有託，吾亦愛吾廬。既耕亦已種，時還讀我書。窮巷隔深轍，頗迴故人車。歡言酌春酒，言，一作然。摘我園中蔬。微雨從東來，好風與之俱。汎覽周王傳，流觀山海圖。俯仰終宇宙，不樂復何如？

其二

玉臺凌霞秀，臺，一作堂，非。王母怡妙顔。天地共俱生，不知幾何年。靈化無窮已，館宇非一山。高酣發新謡，寧效俗中言。【批】《山海經》：玉山，王母所居，處崑崙之丘。郭注：王母亦自有離宫别館，不專住一山也。

其　三

迢遞槐江嶺，是謂玄圃丘。西南望崑墟，墟，一作崙，非。光氣難與儔。亭亭明玕照，落落清瑶流。恨不及周穆，託乘一來游。【批】《山海經》：槐江之山，其上多琅玕，實惟帝之平圃。南望崑崙，其光熊熊，其氣魂魂。爰有瑶流，其清洛洛。平圃即玄圃。

其　四

丹木生何許？迺在峚山陽。峚，音密。黄花復朱實，食之壽命長。白玉凝素液，瑾瑜發奇光。豈伊君子寶，見重我軒黄。

其　五

翩翩三青鳥，毛色奇可憐。朝爲王母使，暮歸三危山。我欲因此鳥，具向王母言。在世無所須，惟酒與長年。

其　六

逍遥蕪皋上，杳然望扶木。洪柯百萬尋，森散覆暘谷。靈人侍丹池〔一〕，朝朝爲日浴。神景一登天，何幽不見燭。

其七

粲粲三株樹，寄生赤水陰。亭亭凌風桂，八榦共成林。靈鳳撫雲舞，神鸞調玉音。雖非世上寶，爰得王母心。【批】《山海經》：載民之國，爰有歌舞之鳥，鸞鳥自歌，鳳鳥自舞。

其八

自古皆有没〔二〕，何人得靈長？不死復不老，萬歲如平常。赤泉給我飲，員丘足我糧。方與三辰游，壽考豈渠央。

其九

夸父誕宏志，乃與日競走。俱至虞淵下，似若無勝負。神力既殊妙，傾河焉足有？餘迹寄鄧林，功竟在身後。

其十

精衛銜微木，將以填滄海。刑天舞干戚，猛志故常在。【評】刑天舞干戚，舊本俱作形夭無千歲。

《山海經》云刑天，獸名也，好啣干戚而舞。方知五字皆錯。〔三〕【批】刑天，獸名也，口中好銜干戚而舞，見《山海經》。舊訛作形夭無千歲，曾紘較正之。同物既無慮，化去不復悔。徒設在昔心，良晨詎可待？

其十一

巨猾肆威暴，欽鵶違帝旨。窫窳强能變，祖江遂獨死。明明上天鑒，爲惡不可履。長枯固已劇，鵕鶚豈足恃。

其十二

鵃鵝見城邑，鵃鵝，當作鴟鴸。其國有放士。念彼懷生世，當時數來止。青丘有奇鳥，自言獨見爾。本爲迷者生，不以喻君子。

其十三

巖巖顯朝市，帝者慎用才。何以廢共鯀，重華爲之來。仲父獻誠言，姜公乃見猜。臨没告飢渴，當復何及哉！

【校】

〔一〕此句原作『靈人待丹池』，復改『待』字爲『侍』字。

〔二〕『有』，稿本作『由』。

〔三〕此條評語原脱，據稿本補。按底本批語即據稿本評語改撰，今兩存之。

和讀山海經十三首

陶淵明《讀山海經》十三首〔一〕，其七首皆仙語。余讀《抱朴子》有所感，用其韻賦之。

【評】人謂東坡窺禪學之藩籬，吾謂東坡得玄門之糟粕。力如縛蛋，語復騎墻，孰若淵明不言仙佛？菽粟布素，皆證妙果。

其一

今日天始霜，衆木斂以疎。幽人掩窓卧，明景翻空廬。開心無良友，寓眼得奇書。建德有遺民，道遠我無車。無糧食自足，豈謂穀與蔬？愧此稚川翁，千載與我俱。畫我與淵明，可作三士圖。學道雖恨晚，賦詩豈不如？

其二

稚川雖獨善，愛物均孔顔。欲使蟪蛄流，知有龜鶴年。辛勤破封執，苦語劇移山。博哉無窮利，千載食此言。

其　三

淵明雖中壽，雅志仍丹丘。遠矣無懷民，超然邈與儔〔二〕。奇文出纊息，豈復生死流。我欲作九原，異世爲三游。

其　四

子政信奇逸，妙算窮陰陽。淮仙枕中訣，養鍊歲月長。豈伊臭濁中，争此頃刻光。安知青藜火，丈人非中黄。

其　五

亂離棄弱女，破冢割恩憐。寧知効龜息，三歲號窮山。長生定可學，當信仲弓言。支牀竟不死，抱一無窮年。

其　六

三山在咫尺，靈藥非艸木。玄芝生太元，黄精出長谷。仙都浩如海，豈不供一浴？何當從山火，束緼分寸燭？

其七

蜀士李八百，穴居吴山陰。默坐但形語，從者紛如林。其後有李寬，鷄鵠非同音。口耳固多僞，識真要在心。

其八

黄華育甘谷，靈根固深長。廖井窨丹砂，紅線湧尋常。二女戲口耳，耳，一作鼻。松膏以爲糧。聞此不能寐，起坐夜未央。

其九

談道鄙俗儒，遠自太史走。仲尼實不死，於聖亦何負？紫文出吴宫，丹雀本無有。遼哉廣桑君，獨顯三季後。

其十

金丹不可成，安期渺雲海。誰爲黄門妻，至道乃近在。支解竟不傳，化去空餘悔。金成亦安用，御氣本無待〔三〕。

其十一

鄭君固多方，玄翁所親指。奇文二百篇，了未出生死。素書在黄石，豈敢辭跪履。萬法等成壞，金丹差可恃。

其十二

古强本妄庸，蔡誕亦夸士。曼都斥仙人，謁帝輕舉止。學道未有得，自欺誰不爾。稚川亦隘人，疏録此庸子。

其十三

東坡信畸人，涉世真散材。仇池有歸路，羅浮豈徒來？踐蛇及茹蠱，心空了無猜。攜手葛與陶，歸哉復歸哉。

【校】

〔一〕『陶』字原脱，據稿本補。

〔二〕『與』，稿本作『無』。

〔三〕稿本原作『御氣本得待』，復改『得』字爲『無』字。

桃花源記

晉太元中，武陵人捕魚爲業。緣溪行，忘路之遠近。【評】書隙中特筆。忽逢桃花林〔一〕，夾岸數百步，中無雜樹，芳草鮮美，落英繽紛〔二〕。【評】好景致！漁人甚異之。復前行，欲窮其林。林盡水源，便得一山。山有小口，髣髴若有光。便捨船〔三〕，從口入。初極狹，纔通人。復行數十步，豁然開朗。土地平曠，屋舍儼然。有良田、美池、桑竹之屬。阡陌交通，鷄犬相聞。其中往來種作，男女衣着，悉如外人。【評】詩中有畫。黄髮垂髫，並怡然自樂。見漁人，乃大驚。問所從來，具答之。便要還家，設酒殺鷄作食。村中聞有此人，咸來問訊。自云先世避秦時亂，率妻子邑人來此絶境，不復出焉，遂與外人間隔。問今是何世，乃不知有漢，無論晉魏。【評】數語括盡數代，又復婉盡。此人一一爲具言所聞，皆歎惋。餘人各復延至其家，皆出酒食。停數日辭去。此中人語云：『不足爲外人道也。』既出，得其船，便扶向路，扶，一作於。處處誌之。及郡下，詣太守説如此。太守，劉歆也。太守即遣人隨其往，尋向所誌，遂迷，不復得路。南陽劉子驥，高尚士也。聞之，欣然規往，規，一作親，非。未果，尋病終。後遂無問津者。

嬴氏亂天紀，賢者避其世。黄綺之商山，伊人亦云逝。往迹浸復湮，來逕遂蕪廢。相命肆農耕，日入從所憩。桑竹垂餘蔭，菽稷隨時藝。春蠶收長絲，收，一作取。〔四〕秋熟靡王税。荒路曖交通，鷄犬互鳴吠。俎豆猶古法，衣裳無新製。童孺縱行歌，班白歡游詣。草榮識節和，木衰知風厲。雖無紀曆誌，四時自成歲。【評】四語是山居臺曆。怡然有餘樂，于何勞智慧。奇蹤隱五百，一朝敞神界。淳薄既異源，旋復還幽蔽。蔽，一作閉。借問游方士，焉測塵囂外。願言躡輕風，高舉尋吾契。

【校】

〔一〕稿本原作『忽聞桃花林』，復改『聞』字爲『逢』字。

〔二〕稿本此句有校語『一作華，非』，按『芳草』一作『芳華』。

〔三〕『船』，稿本作『舟』。

〔四〕稿本此句作『春蠶取長絲』，校云『劉是收』。

和桃花源詩

世傳桃源事，多過其實。攷淵明所記，止言先世避秦亂來此，則漁人所見是似其子孫，非秦人不死者也。又云『殺鷄作食』，豈有仙而殺者乎？舊説南陽有菊水，水甘而芳，民居三十餘家，飲其水，皆壽，或至百二三十歲。蜀青城山老人村〔一〕，有見五世孫者。道極險遠，生不識鹽醯，而溪中多枸杞，根如龍蛇，飲其水故壽。近歲道稍通，漸能致五味，而壽亦益衰。桃源蓋此比也歟？使武陵太守得而至焉，則已化爲争奪之場久矣。嘗意天壤之間若此者甚衆，不獨桃源。〔二〕余在潁州，夢至一官府，人物與俗間無異，而山川清遠有足樂者。顧視堂上，榜曰仇池。覺而念之，仇池，武都氏故地，楊難當所保，余何爲居之？明日以問客，客有趙令畤德麟者曰：『公何爲問此？此乃福地小有洞天之附庸也。杜子美蓋云：「萬古仇池穴，潛通小有天。神魚人不見，福地語真傳。近接西南境，長懷十九泉。何時一茅屋，送老白雲邊。」』他日工部侍郎王欽臣仲至謂余曰：『吾嘗奉使過仇池，有九十九泉，萬山環之，可以避世，如桃源也。』

凡聖無異居，清濁共此世。心閒偶自見，念起忽已逝。欲知真一處，要使六用廢。桃源信不遠，藜杖可小憩。躬耕任地力，絕學抱天藝。臂雞有時鳴，尻駕無可稅。苓龜亦晨吸，杞狗或夜吠。耘樵得甘芳，齕齧謝炮製。子驥雖形隔，淵明已心詣。高山不難越，淺水何足厲？不知我仇池，高舉復幾歲？從來一生死，近又等痴慧。蒲澗安期境，羅浮稚川界。夢往從之游，神交發吾蔽。桃花滿庭下，流水在户外。却笑逃秦人，有畏非真契。

【校】

〔一〕『山』字原脱，據稿本補。

〔二〕『嘗意……不獨桃源』原脱，據稿本補。

歸去來兮辭 并序

余家貧，耕植不足以自給。幼稚盈室，缾無儲粟，生生所資，未見其術。親故多勸余爲長吏，脱然有懷，求之靡途。會有四方之事，諸侯以惠愛爲德，家叔以余貧苦，遂見用于小邑。于時風波未静，心憚遠役，彭澤去家百里，公田之利，足以爲酒，故便求之。及少日，眷然有歸與之情。何則？質性自然，非矯厲所得。飢凍雖切，違己交病。常從人事，皆口腹自役。於是悵然慷慨，深愧平生之志。猶望一稔，當斂裳宵逝。尋程氏妹喪于武昌，情在駿奔，自免去職。仲秋至冬，在官八十餘日。因事順心，命篇曰『歸去來兮』。乙巳歲十一月也。【評】歐陽永叔曰：晉無文章，惟陶淵明《歸去來兮辭》一篇而已。

歸去來兮，田園將蕪胡不歸？既自以心爲形役，奚惆悵而獨悲！悟已往之不諫，知來者之可追。寔迷途其未遠，覺今是而昨非。舟遥遥以輕颺，風飄飄而吹衣。問征夫以前路，恨晨光之熹微。乃瞻衡宇，載欣載奔。僮僕歡迎，稚子候門。三逕就荒，松菊猶存。携幼入室，有酒盈罇。引壺觴以自酌，眄庭柯以怡顔。倚南窓以寄傲，審容膝之易安。園日涉以成趣，門雖設而常關。策扶老以流憩，時矯首而遐觀。雲無心而出岫，鳥倦飛而知還。景翳翳以將入，撫孤松而盤桓。歸去來兮，請息交以絶游。世與我而相違，復駕言兮焉求？悦親戚之情話，樂琴書以消憂。農人告余以春及，將有事於西疇。或命巾車，或棹孤舟。既窈窕以尋壑，亦崎嶇而經丘。木欣欣以向榮，泉涓涓而始流。善萬物之得時，感吾生之行休。已矣乎！寓形宇内復幾時？曷不委心任去留，胡爲乎遑遑欲何之？富貴非吾願，帝鄉不可期。懷良辰以孤往，或植杖而耘耔。登東皋以舒嘯，臨清流而賦詩。聊乘化以歸盡，樂夫天命復奚疑。

和歸去來兮辭

子瞻謫居昌化，追和淵明《歸去來辭》。蓋以無何有之鄉爲家，雖在海外，未嘗不歸云爾！

歸去來兮，吾方南遷安得歸？卧江海之澒洞，弔鼓角之悽悲。迹泥蟠而愈深，時電往而莫追。懷西南之歸路，夢良是而覺非。悟此生之何常，猶寒暑之異衣。豈襲裘而念葛，蓋得觕而喪微。我歸甚易，匪馳匪奔。俯仰還家，下馬闔門。藩垣雖闕，堂室故存。挹我天醴，注之窪樽。飲月露以洗心，餐朝霞而眩顔。混客主以爲一，俾婦姑之相安。知盜竊之何有，乃掊門而折關。廓圜鏡以外照，納萬象而中觀。治廢井以晨汲，滃百泉之夜還。守静極以自作，時爵躍而鯢桓。歸去來兮，請終老於斯游。我先人之弊廬，復舍此而焉求？均海南與漠北，挈往來而無憂。畸人告余以一言，非八卦與九疇。方飢須糧，已濟無舟。忽人牛之皆喪，但喬木與高丘。【評】數語見道。驚六用之無成，自一根之反流。望故家而求息，曷中道而三休。已矣乎！吾生有命歸有時。我初無行亦無留，駕言隨子聽所之。豈以師南華，而廢從安期？謂易稼之終枯，遂不溉而不耔。師淵明之雅放，和百篇之新詩。賦歸來之清引，我其後身蓋無疑。【評】留與後人説。

歸去來集字十首

予喜淵明《歸去來詞》，因集字爲十詩。【評】集字詩，成句而已，無甚佳境。

命駕欲何向，欣欣春木榮。世人無往復，鄉老有將迎。雲内流泉遠，風前飛鳥輕。相攜就衡宇，酌酒話交情。

其　二

涉世恨形役，告休成老夫。良欣就歸路，不復向迷途。去去徑猶菊，行行田欲蕪。情親有還往，清酒有罇壺。

其　三

與世不相入，膝琴聊盡歡。風光歸笑傲，雲物寄游觀。言語審無倦，心懷良獨安。東皋清有趣，植杖日盤桓。

其　四

雲岫不知遠，巾車行復前。僕夫尋老木，童子引清泉。矯首獨傲世，委心懷樂天。農人告春事，扶老向良田。

其　五

世事非吾事，駕言鄉路尋。向時迷有命，今日悟無心。亭内菊歸酒，窗前風入琴。寓形知已老，猶未倦登臨。

其　六

富貴良非願，鄉關歸去休。携琴已尋壑，載酒復經丘。翳翳景將入，涓涓泉欲流。老農人不樂，我獨與之遊。

其　七

觴酒命僮僕，言歸無復留。輕車尋絶壑，孤棹入清流。乘化亦安命，息交還絶遊。琴書樂三逕，老矣亦何求。

其　八

歸去復歸去，帝鄉安可期。鳥還知已倦，雲出欲何之。入室常攜幼，臨流亦賦詩。春風吹獨斷，不是傲親知。

其　九

役役倦人事，來歸車載奔。征夫問前路，稚子候衡門。入室亦詩策，少遊常酒樽。交親書已絶，雲壑自相存。

其　十

寄傲知今是，求勞定昨非。聊欣樽有酒，不恨室無衣。丘壑世情遠，田園生事微。庭柯還獨眄，時有鳥歸飛。

問淵明

子知神非形，何異復人天。豈惟三才中，所在靡不然。我引而高之，則爲日星懸。我散而卑之，寧非山與川。三皇雖云没，至今在我前。八百要有終，彭祖非永年。皇皇謀一醉，發此露槿姸。有酒醉不辭，無酒斯飲泉。立善求我譽，飢人食饞涎。委運憂傷生，運去生亦還。縱浪大化中，正爲化所纏。應盡便須盡，寧復事此言〔一〕。

【校】

〔一〕『事』，稿本作『俟』。

張岱號蝶菴，所著小品如《西湖夢尋》、《越人三不朽》，已經梓行。其未梓者有《陶菴文集》、《石匱全書》、《夜行船》、《快園道古》數種。兹編予于會稽謝氏案頭見之，丹墨猶新，蓋其手自評點者也。較訂陶集異同各字，視他本最善，因借抄一册，以爲行笈秘玩云。戊子仲冬朔有三日，漢陽朱景超識。

東坡追和陶淵明詩終

和陶集

晉陶潛著

明張岱和

子瞻喜彭澤詩，必欲和盡乃已。不知《榮木》等篇何以尚遺什分之二。今余山居無事，借題追和，已盡其數。子瞻云，古人無追和古人者，追和古人自子瞻始。迺今五百年後，又有追和古人者，爲之拾遺補缺。子瞻見之，得不掀髯一笑乎？

榮木 并序

榮木，念將老也。日月推遷，已復有憂。總角聞道，白首無成。

采采榮木，結根于兹。晨耀其華，夕已喪之。人生若寄，顦顇有時。静言孔念，中心悵而。

采采榮木，于兹托根。繁華朝起，慨暮不存。貞脆由人，禍福無門。匪道曷依，匪善奚敦。

嗟余小子，禀兹固陋。徂年既流，業不增舊。志彼不舍，志，當作忘。〔一〕安此日富。【評】《荀子》：『功在不舍。』《詩》：『一醉日富。』蓋自咎其廢學而樂飲云爾。我之懷矣，怛焉内疚。

先師遺訓，余豈云墜？四十無聞，斯不足畏。脂我名車〔二〕，策我名驥。千里雖遥，孰敢不至。

【校】

〔一〕此條校語稿本無。

〔二〕稿本此句有校語『一作行，非』，按『名車』一作『行車』。

和榮木

卜築郊圻，偶事耕鑿，三十不遇，不得不言田舍也。

嗟我蓬廬，澹焉守茲。晨曦在門，夕霞俟之。草榮木衰，自誌其時。彈琴晤歌，中心宴而。

世途奔走，吾抉其根。欣羨不作，感慨何存。老妻作食，稚子候門。詩書宿好，宿好是敦。

嗟余畸人，安此側陋。書惟好古，交不忘舊。【評】安得長者言。餅粟常空，緗帙日富。稻孫木奴，素飡不疚。

祖父貽謀，余敢云墜。世路坎軻，豈不足畏。志在千里，伏櫪老驥。争粟田間，鷄鳧同至。

贈長沙公族祖　并序

長沙公於余爲族一作余於長沙公爲族。祖，同出大司馬。漢高帝時陶舍〔一〕。昭穆既遠，已爲路人。經過潯陽，臨別贈此。【批】《晉書》：長沙公卒，次子瞻之子弘襲爵。弘卒，子綽之嗣。綽之卒，子延壽嗣。宋受晉禪，延壽降爲吴昌侯。先生詩云『在長志同』，蓋先生世次視延壽乃諸父行，故序皆以族爲斷句，不稱爲祖也。

同源分流，人易世疎。慨然寤歎，念茲厥初。禮服遂悠，歲往月徂。一作歲月眇徂。〔二〕感彼行路，眷然躊躇。

於穆令族，允構斯堂。斯，一作新，非。諧氣冬暄，暄，一作暉。〔三〕映懷圭璋。爰采春花，載警秋霜。【評】吹氣勝蘭。我曰欽哉，寔宗之光。

伊余云遘，在長志同〔四〕。笑言未久，逝焉西東。遥遥三湘，滔滔九江。山川阻遠，行李時通。

何以寫心，貽此話言。進簣雖微，終焉爲山。敬哉離人，臨路悽然。款襟或遼，音問其先。

【校】

〔一〕稿本無此小注。

〔二〕稿本此句作『歲月眇徂』，校云『劉本是歲往月徂』。

〔三〕稿本作『宋本作暄，一本作輝』。

〔四〕『志』，稿本作『忘』。

和贈長沙公

博聞洽記，余慕吾家茂先，因於讀《禮》之暇，作《博物志補》十卷，以續其韻。遂和陶徵士《贈長沙公》詩，同源分流，余於淵明亦同一水木之思也。

十年好學，方識空疎。追思往昔，念彼晉初。博聞洽記，哲人已徂。瑯嬛遺跡，令我踟躇。癡龍不守，載登斯堂。牙籤萬軸，琮碧圭璋。聲出金石，字挾風霜。【評】以署茂先，庶或不愧。有臣如此，邦家之光。伊余渺見，敢與之同。如入澥海，不辨西東。胸吞雲夢，筆湧三江。山川巃嵸，夢寐時通。高文典策〔一〕，可與晤言。縹緲誰子，仰止高山。空濛寂歷，烟雨惘然。呼之或出，見吾茂先。

【校】

〔一〕『典策』，稿本作『典册』。

酬丁柴桑　柴桑，潯陽故里

有客有客，爰來爰止。秉直司聰，于惠百里。飡勝如歸，矜善若始。矜，一作聆。〔一〕匪惟諧也，屢有良由。由，宋本作游。〔二〕載言載眺，以寫我憂。放歡一遇，既醉還休。寔欣心期，方從我遊。

【校】

〔一〕稿本此句作『聆善若始』，校云『劉本是矜善，一作聆音』。

〔二〕稿本此句同，校云『劉是游』，又云『宋本作游，一作由，非』。

和酬丁柴桑 甲戌春日登爐峰坐水鋸巖口占

取道萬松，前谿爰止。念昔笙歌，聲聞九里。近惟空山，靜若太始。【評】自然。

游非細故，會有良谿。松風澗響，滌我隱憂。嗒焉自失，移情冥休。吾師成連，方可與游。

命子

悠悠我祖，爰自陶唐。邈爲虞賓，歷世重光。御龍勤夏，豕韋翼商。穆穆司徒，厥族以昌。

【批】《左傳》載商民七族，陶氏其一也。陶氏授民，是爲司徒，蓋豕韋之後。

紛紛戰國，漠漠衰周。鳳隱於林，幽人在丘。逸虬遶雲，奔鯨駭流。天集有漢，眷予愍侯。

【批】《高帝功臣表》：開封愍侯陶舍，以左司馬從漢破代封侯。

於赫愍侯，運當攀龍。撫劍夙邁[一]，顯茲武功。書誓山河，啓土開封。亹亹丞相，允迪前蹤。【批】孝景二年，陶青爲丞相。

渾渾長源，蔚蔚洪柯。群川載導，衆條載羅。時有語默，運因隆窊[二]。在我中晉，業融長沙。【批】陶侃字士衡，仕中晉，在軍四十一載，位至八州都督，封長沙郡公，薨于成帝咸和九年，追贈大司馬，謚曰桓。

桓桓長沙，伊勳伊德。天子疇我，專征南國。功遂辭歸，臨寵不忒。孰謂斯心，而近可得。

肅矣我祖，慎終如始。直方二臺，惠和千里。【批】陶茂爲武昌太守，故詩云『惠和千里』。於皇仁考，淡焉虛止。寄跡風雲，冥茲愠喜。冥，一作寘，非。〔三〕【批】父姿城太守，生五子，史失載。嗟余寡陋，瞻望弗及。顧慚華鬢，負影隻立。三千之罪，無後爲急。一作無復其急，非。我誠念哉，呱聞爾泣。

卜云嘉日，占亦良時。名汝曰儼，字汝求思。温恭朝夕，念茲在茲。尚想孔伋，庶其企而！【批】孔伋因求思而言。

厲夜生子，遽而求火。凡百有心，奚特於我！既見其生，寔欲其可。人亦有言，斯情無假。〔四〕【批】《莊子·天地篇》：厲之人半夜生其子，遽取火而視之，汲汲然惟恐其似己也。

日居月諸，漸免于孩。福不虛至，禍亦易來。夙興夜寐，願爾斯才。爾之不才，亦已焉哉！

【校】

〔一〕稿本此句有校語『一作風，非』，按『夙邁』一作『風邁』。

〔二〕稿本『寙』字有注音『烏瓜切』。

〔三〕稿本此句作『寘茲愠喜』，校云『劉是冥』，又云『宋本冥，一作寘，非』。

〔四〕稿本此句作『斯情無暇』，校云『劉是假』。

和命子

軒轅伊始，艸昧荒唐。傳之少昊，宗系始光。干戈造夏，弓矢翊商。於惟主祀，厥姓乃昌。

洛鼎既奠，天下宗周。張仲孝友，重於山丘。相韓五世，惠澤是流。赫赫有漢，迺起留侯。留侯徂擊，魄奪祖龍。赤手仗劍，譚笑成功。爰至有晉，壯武提封。司空繼起，克振前蹤。長源群涯，渥土茂柯。曲江合注，綿竹分羅。代有升沈，運因隆窊。逮我忠獻，建國龍沙。於皇忠獻，嗣有聖德。吾道南矣，生我宣國。晝修夜卜，其儀不忒。從祀孔庭，而可易得。奄至越守，我祖是始。昔爲并州，後爲梓里。代多幽人，高山仰止。鳳隱蚪潛，耕耔自喜。至余太僕，報國靡及。拓地定武，負讒孤立。文恭嗣興，温飽匪急。昭雪父冤，呱呱孺泣。於赫文恭，遭際明時。文章理學，朝野竚思。我祖象賢，文不在兹。茂先博奥，庶其企而。人言余考，待以舉火。婉約遜遁，何有於我。泥塗軒冕，無可不可。避世金門，斯言非假。家系如此，詔爾群孩。前模可範，世運復來。我宫磨蝎，惟願爾才。爾復不才，余心荼哉。

歸鳥

翼翼歸鳥，晨去於林。遠之八表，近憩雲岑。和風不洽，翻翮求心。顧儔相鳴，景庇清陰。

翼翼歸鳥，載翔載飛。雖不懷游，見林情依。遇雲頡頏，相鳴而歸。遐路誠悠，性愛無遺。

翼翼歸鳥，馴林徘徊。豈思天路，欣及舊棲。雖無昔侶，衆聲每諧。日夕氣清，悠然其懷。

翼翼歸鳥，戢羽寒條。游不曠林，宿則森標。晨風清興，好音時交。繒繳奚施〔一〕？卷已安勞！卷，與倦同，一作已卷。〔二〕

【校】

〔一〕『繒繳』，稿本作『矰繳』。

〔二〕稿本此句作『已卷安勞』，校云『劉是卷已』。

和歸鳥

會稽土產，日鑄茶、破塘笋、謝橘、楊梅，他方罕比。東坡有言：『無事而受此諸物之備，慚愧！慚愧！』因和淵明《歸鳥》韻，作詩頌之。

日鑄雪芽

日鑄茶族，蔚若鄧林。氣吹蘭畹，色並雪岑。涼風生腋，秋月沁心。【評】珠膠玉汁，點入麟羞。

冰壺濯魄，卧醒花陰。

湘湖楊梅

楊家果熟，茜染霞飛。火齊滿樹，磊落相依。荔枝頡頏，締盟而歸。無勞飛騎，長安遠遺。

謝橘

屈原長友，日與徘徊。三叟六奕〔一〕，商山舊棲。穰侯允稱，豈屬詼諧。厥名曰謝，東山入懷。

破塘筍

萬株寒玉，抽此柔條。〔二〕籜衣未解，龍孫建標。此君童丱，願與定交。清饞不赦，千畝徒勞。

【校】

〔一〕『三』，稿本作『二』。

〔二〕此二句稿本原作『萬條寒玉，抽此柔蓧』，復改如今語。

諸人共遊周家墓栢下

今日天氣佳，清吹與鳴彈。感彼栢下人，安得不爲歡？清歌散新聲，綠酒開芳顏。未知明日事，余襟良已殫。

和周家墓栢下 癸酉九月游六陵踵韻〔一〕

易水聲變徵，推琴不能彈。散髮六陵下，悲歌失所歡。老鴞共鬼語，凄雨白酡顔。指點雙遺烈，當年力已殫。【評】六陵風雨，千載悲詗。

【校】

〔一〕稿本圈去『踵韻』二字。

悲從弟仲德

銜哀過舊宅，悲泪應心零。借問爲誰悲，懷人在九冥。禮服名群從，恩愛若同生。門前執手時，何意爾先傾。在數竟未免，爲山不及成。慈母沉哀疚，疚，一作痛。〔一〕二胤纔數齡。雙位空委館〔二〕，朝夕無哭聲。流塵集虛坐，宿草旅前庭。階除曠游跡，園林獨餘情。翳然乘化去，終天不復形。遲遲將回步，惻惻悲襟盈。

【校】

〔一〕稿本此句作『慈母沉哀痛』，校云『劉是疚』。

〔二〕『空委館』，稿本作『委空館』。

和悲從弟仲德弔 弔曹娥〔一〕

古今痛孝女，余獨不悲零。人生得如此，含笑入九冥。到此三千歲，凛凛猶如生。父在洪濤没，慷慨一命傾。願作痴精衛，填海不得成。記取捐軀日，娥纔十四齡。哀號七晝夜，江水亦吞聲。魚鱉横江出，浮屍返故庭。黿鼉黄絹字，未必盡其情。風雨娥江渡，山川亦改形。杯中恒澹澹，酹酒不得盈。【評】用李冰事特妙。

【校】

〔一〕稿本副題末原有『踵韻』二字，復圈去。

庚子歲五月中從都還阻風於規林二首

行行循歸路，計日望舊居。一欣侍温顔，再喜見友于。【批】洪駒父曰：以兄弟爲友于，歇後語也。鼓棹路崎曲，指景限西隅。江山豈不險，歸子念前塗。凱風負我心，戢枻守窮湖。高莽眇無界，夏木獨森踈。誰言客舟遠，近瞻百里餘。延目識南嶺，空歎將焉如。

自古歎行役，我今始知之。山川一何曠，巽坎難與期。【批】巽，順也；坎，險也。或曰：巽，風也；坎，水也。言道路行役之艱難。崩浪聒天響，長風無息時。久游念所生〔一〕，如何淹在茲。靜念園林好，人間良可辭。當年詎有幾，縱心復何疑。

【校】

〔一〕『念』，稿本作『戀』。

和五月中都還規林阻風 秋日游曹山風雨夜宿

何來巨靈斧，開此洪荒居。劫火燒殘礫，黔雷破艸于。巉岈驚過鳥，屹屈遁娵隅。【評】于隅兩韻，押得自然。○蠻語以『娵隅』爲魚。〔一〕巘空惟受月，水窪不通塗。鼓枻米顛石，探珠甓社湖。

高岡多古木〔二〕，倒薜更森踈。虹口張牙鋭，蟄龍蜕骨餘。奇在天人雜，玄功謝不如。入徑皆田舍，度橋始見之。四山原意外，一水更難期。吐奇陽羨口，樓閣蜃呑時。適值山崖缺，亭臺又在兹。石借藤蘿繫，花隨流水辭。武陵當日路，到此更何疑。【評】不到曹山，不知此詩之妙。

【校】

〔一〕『蠻語以娵隅爲魚』原脱，據稿本補。

〔二〕『高岡』，稿本作『高崗』。

辛丑歲七月赴假還江陵夜行塗中　一作塗口，按江圖自沙陽下流一百五十里至赤圻，赤圻二十里至塗口

閑居三十載，遂與塵事冥。詩書敦宿好，林園無俗情。如何捨此去，遥遥至南荆。叩枻新秋月，臨流別友生。凉風起將夕，夜景湛虚明。昭昭天宇闊，皛皛川上平。【評】寫景必澹遠奇曠。懷役不遑寐，中宵尚孤征。商歌非吾事，依依在耦耕。投冠旋舊墟，不爲好爵榮〔一〕。養真衡茅下，庶以善自名。

【校】

〔一〕『榮』，稿本作『縈』。

和七月還江陵夜行塗中 癸酉八月游蘭亭踵韻〔一〕

永和當日事，悉付與蒼冥。惠風三月好，諸子一方情。林間無次叙，坐石盡披荆。曲水隨輾轂，幽蘭徧地生。酒氣通泉味，輕嵐帶月明。白雲無意出，秋水上溪平。放浪形骸外，何心更遠征。山前百畝秫，任我獨耔耕。右軍多感慨，尚爲生死縈。修禊非吾意，猶争千古名。

【評】感慨係之，一筆抹煞〔二〕。

【校】

〔一〕『踵韻』，稿本作『步彭澤前韻』。

〔二〕『抹煞』，稿本作『抹殺』

癸卯十二月中作與從弟敬遠

寢迹衡門下，邈與世相絶。顧眄莫誰知，荆扉晝常閉。必結切。凄凄歲暮風，翳翳經日雪。日，一作夕〔一〕。傾耳無希聲，在目皓已潔。勁氣侵襟袖，簞瓢謝屢設。蕭索空宇中，了無一可悦！歷覽千載書，時時見遺烈。高操非所攀，謬得固窮節。謬，一作深，非。〔二〕平津苟不由，棲遲詎爲拙。寄意一言外，兹契誰能别？

【校】

〔一〕稿本作『劉是夕』。

〔二〕此句稿本作『深得固窮節』，校云『劉是謬』，又云『宋本作謬，一作深，非』。

和與從弟敬遠

余弟燕客得一石子研，赤比馬肝，酥潤如玉，背隱白絲類瑪瑙，指螺細纏，面有三星，墳起如弩眼，着墨無聲，而墨瀋烟起〔一〕。余銘曰〔二〕：『女媧鍊天，不分玉石。鰲血蘆灰，烹霞鑄日。星河溷投，參橫箕翕。』【批】銘佳甚。偶和陶集，踵韻詠之〔三〕。

米顛袖石來，邈與石相絕。赤螭吐紫涎，老壑千年閉〔四〕。萬杵擣蒼霞，夾雜雲與雪。晶潤如凝酥，馬肝遜其潔。頡史雨血時，此研蚤已設。三星飲玉池，渴虹奔所悦。余欲煮服之，石髓度王烈。【評】烈字韻奇絕，復穩絕。〔五〕鐵網叢珊瑚，迺得盤根節。鬼斧巧自藏，反可題爲拙〔六〕。寄語楊次公，等閒肯作別。

【校】

〔一〕此句下稿本原有『一一品目，真研藪之散聖，石林之劍仙也』等句，復删去。

〔二〕稿本『銘』上原有『作』字，復删去。

〔三〕『偶和陶集，踵韻詠之』，稿本原作『今讀陶集，又踵韻作一詩賓之』，復改如今語。

〔四〕稿本此句下有小注『必結切』。

〔五〕此條評語原脱，據稿本補。

〔六〕此二句稿本原作『鬼斧已天成，又可題爲拙』，復改如今語。

戊申歲六月中遇火

草廬寄窮巷，甘以辭華軒。正夏長風急，林室頓燒燔。一宅無遺宇，舫舟蔭門前。迢迢新秋夕，亭亭月將圓。果菜始復生，驚鳥尚未還。中宵竚遥念，一盼周九天。總髮抱孤介，介，一作念，非。〔一〕奄出四十年。形迹憑化往，靈府長獨閑。貞剛自有質，玉石乃非堅。仰想東户時，餘糧宿中田。鼓腹無所思，朝起暮歸眠。既已不遇兹，且遂灌西園。

【校】

〔一〕稿本此句作『總髮抱孤念』，校云『劉是介，宋本作介，一作念，非』。

和六月遇火 虎丘火灾〔一〕

小舟今日至，政擬訪東軒。何日風烟急，梵宫遭劫燔。一山無界畫，寺後見門前。惟有虎丘月，停停獨自圓。劍泉枯未滿，驚鳥去愁還。瓦礫侵無地，行游多見天。浮圖十里望，傳此千百年。頃刻灰燼盡，興亡如等閒。泡影原爲幻，金剛豈是堅。風波一日裡，滄海變桑田。獨向谿橋坐，漁燈對客眠。山僧乘月色，纍石砌茶園。

【校】

〔一〕稿本副題作『虎丘火灾，後三日，余魯行偶過，踵韻作一詩吊之』又删去『後三日……作一詩弔之』等語，眉批復注『另入』。

述　酒〔一〕

重籬照南陸，鳴鳥聲相聞。秋草雖未黄，融風久已分。素礫皛修渚，南嶽無餘雲。豫章抗高門，重華固靈墳。流淚抱中歎，傾耳聽司晨。神州獻嘉粟，西靈爲我馴。諸梁董師旅，羊勝喪其身。山陽歸下國，成名猶不勤。【批】魏降漢獻帝爲山陽公。卜生善斯牧，安樂不爲君。平王去舊京，峽中納遺薰。【批】趙泉山曰：此晉恭帝元熙二年也。六月十一日，宋王裕迫帝禪位，繼而廢帝爲零陵王，明年九月潛行弑逆。故靖節詩中引用漢獻帝事。雙陵甫云育，三趾顯奇文。王子愛清吹，日中翔河汾。朱公練九齒，閑居離世紛。峩峩西嶺内，偃息常所親。天容自永固，彭殤非等倫。【批】湯東澗曰：劉裕廢帝爲零陵王，明年以毒酒一瓮授張偉，使酖王。偉自飲而卒。繼又令兵人踰垣進藥。王不肯飲，遂掩殺之。此詩所爲作，故以『述酒』名篇。

【評】黄山谷曰：此篇有其辭而無其義，應是讀異書所作，其中多不可解。

【校】

〔一〕稿本題下原有小注『舊注：儀狄造，杜康潤色之。宋本云：此篇與題非本意，諸本如此，誤』，復删去。

和述酒

陶述酒，余述茶，各言所知也。但柴桑意不在酒，而余未免沉湎于茶。兹愧淵明矣。

余飲無蕉葉，麯蘖非所聞。何如注茶史，淄澠蚤已分。禊泉取舊渚，汲綆帶溪雲。日鑄烹蘭雪，廬陵作典墳。【評】歐陽永叔曰：『兩浙之茶，日鑄第一。』【批】蘭雪，茶名。但擇向陽地，蚤起在熹晨。茶筐和露採，旗槍爲我馴。佐以文武火，雪芽呈其身。揉挪須得候，不倦更不勤。諸法皆云備，一水爲其君。爐火仍加煅，勿爲烟煤薰。松風響竈外，蟹目成波文。千魚吐濡沫，彷佛聚河汾。此政爲湯候，幽蘭帶雪紛。煎茶非孟浪，要與烟霞親。陸羽知麤解，盧仝非等倫。

責　子

舒儼、宣俟、雍份、端佚、通佟共五人，舒、宣、雍、端、通皆小名也

白髮被兩鬢，肌膚不復實。雖有五男兒，総不好紙筆。阿舒已二八，懶惰故無匹。阿宣行志學，而不愛文術。雍端年十三，不識六與七。通子垂九齡，但覓棗與栗〔一〕。天運苟如此，且進杯中物。

【校】

〔一〕『棗』，稿本作『梨』。

和責子

『夫子未出于正』，子責父也。謝太傅云：『吾嘗自教兒。』因用自責。

春華半已披，未得獲秋實。賈島蜡文心，惟餘一塚筆。生平賦大人，羞與兒曹匹。散髮但行游，而無致身術。畫肚學草書，尚爾愧虞七。奈何不蓑蕉，山前拾橡栗。天運不可委，笑爾

爲絶物。

有會而作 并序

舊穀既没，新穀未登，頗爲老農，而值年災，日月尚悠，爲患未已。登歲之功，既不可希，朝夕所資，烟火裁通。旬日已來，始念飢乏，歲云夕矣，慨然永懷，今我不述，後生何聞哉！

【評】蘇東坡曰：俗傳書生入官庫見錢不識，或怪而問之，生曰：『固知其爲錢，但怪其不在紙裹中耳。』予偶讀淵明《歸去來兮辭》云：『幼稚盈室，瓶無儲粟。』乃知俗傳信而有證。使瓶有儲粟，亦甚微矣。此翁生平只于瓶中見粟也耶？

弱年逢家乏，老至更長飢。菽麥寔所羨，孰敢慕甘肥。惄如亞九飯，當暑厭寒衣。歲月將欲暮，如何辛苦悲。常善粥者心，深恨蒙袂非。嗟來何足吝，徒没空自遺。斯濫豈彼志，固窮夙所歸。餒也已矣夫，在昔余多師。

和有會而作

爐峰山趾，築室數楹。汲寒谿水，爨九里松。童子作食，澹然自飽。閑攤書卷，倦枕石頭。静閴之極，覺松濤谿瀨，聒耳可憎。夕掩荆門，古壑孤藤。佛燈一盞，萬念俱墮，不知身之在何境也。近在塵塗，夢寐尋往。和柴桑韻追記之。

山中無俗事，粗糲可充飢。澗下青薺嫩，坡前筍蕨肥。不藉松爲飯，無勞薜作衣。蘭亭去感慨，彭澤無傷悲。不求今日是，不知昨日非〔一〕。孤藤懸夜壑，四大空如遺。【評】此是實録。一念既不住，萬念復何歸。自到移情處，成連安足師。

【校】

〔一〕『昨日』，稿本作『昔日』。

蜡日

蜡，臘祭名。伊耆氏始爲蜡。蜡也者，索也，歲十二月合聚萬物而索饗之也。

風雪送餘運，無妨時已和。梅柳夾門植，一條有佳花。我唱爾言得，酒中適何多。未能明多少，章山有奇歌。

和蜡日 甲戌歲人日迎春途中口占

過年已七日，今日届春和。土牛送寒氣，兒童剪綵花。郭外耕耔少，眼前游冶多。獨飲屠蘇酒，嗚嗚發浩歌。

讀史述九章 余讀《史記》，有所感而述之

夷齊

二子讓國，相將海隅。天人革命，絶景窮居。采薇高歌，慨想黄虞。貞風凌俗，爰感懦夫。

箕子

去鄉之感，猶有遲遲。矧伊代謝，觸物皆非。哀哀箕子，云胡能夷？狡童之歌，悽矣其悲。

管鮑

知人未易，相知寔難。淡美初交，利乖歲寒。管生稱心，鮑叔必安。奇情雙亮，令名俱完。

程杵

遺生良難，士爲知己。望義如歸，允伊二子。程生揮劍，懼兹餘耻。令德永聞，百代見紀。

七十二弟子

恂恂舞雩，莫曰匪賢。俱映日月，共飡至言。慟由才難，感爲情牽。回也蚤夭，賜獨長年〔一〕。

屈 賈

進德修業，將以及時。如彼稷契，孰不願之？嗟乎二賢，逢世多疑。候詹寫志，感鵩獻辭。

韓 非

豐狐隱穴，以文自殘。君子失時，白首抱關。巧行居災，忮辯召患〔二〕。哀矣韓生，竟死説難。

魯二儒

易代隨時，迷戀則愚。介介若人，特爲貞夫。德不百年，污我詩書。逝然不顧，被褐幽居。

張長公

遠哉長公，蕭然何事？世路多端，皆爲我異。斂轡朅來，獨養其志。寢跡窮年，誰知斯意？

【評】東坡曰：《讀史述九章》夷齊、箕子蓋有感而云，去之五百餘載〔三〕，吾猶識其意也。

【校】

〔一〕『長年』，稿本作『年長』。

〔二〕『伎』，稿本作『技』。

〔三〕『五百餘載』，稿本作『五百餘歲』。

和讀史述九章

季札

至德無稱，延陵季子。觀樂魯邦，美哉觀止。解劍塚前，不信其死。桓桓大國，棄如塵土。

范蠡

於惟少伯，竟沼吴宫。五湖一去，大壑長風。遠避繒弋〔一〕，縹緲飛鴻。良金寫像，世世事公。

魯仲連

蕭然韋布，義不帝秦。解紛則去，土苴千金。慷慨數語，遂下聊城。迯之海外，劍躍延津。

張良

誰擊祖龍，亡韓一客。決勝千里，借箸前席。報韓則去，赤松屏跡。何以見之，穀城黄石。

王羲之

嗟余右軍，山水釣弋。勿以風流，揜其器識。評公書者，評公則一。飄若雲飛，矯如龍愓。

陶潛

有晉徵士，柴桑陶潛。庭栽五柳，環堵蕭然。醉不在酒，琴亦無絃。北窓高卧，無懷葛天。

李泌

奕奕鄴侯，紫衣山人。運籌帷幄，恢復神京。宣室數語，羽翼已成。無能持獻，衡山白雲。

邵　雍

皇矣康節，博奥汪洋。忖度天地，盡發其房。觀梅伊水，聞鵑洛陽。用之經世，内聖外王。

蘇　軾

目如巖電，口若懸河。蜀山崒律，磊落英多。時宜不合，捧腹嘯歌。蠻夷狄鞮，皆識東坡。

【校】

〔一〕『繒弋』，當作『矰弋』。

右蝶菴和陶，如和《規林阻風》及《六月遇火》等作，中間塗抹不一，或注改字、另入字。此蓋其未定稿也，姑仍之，以俟獲正集時再訂。虎亭識。

張蝶庵追和陶淵明詩終

擬挽歌詞三首〔一〕

晉陶潛著

有生必有死，早終非命促。昨暮同爲人，今日淹鬼録。魂氣散何之，枯形寄空木。嬌兒索父啼，良友撫我哭。得失不復知，是非安能覺。千秋萬歲後，誰知榮與辱。但恨在世時，飲酒不得足。

在昔無酒飲，今但湛空觴。春醪更浮蟻，何時更能嘗？殽案盈我前，親舊哭我傍。欲語口無音，欲視眼無光。昔在高堂寢，今宿荒草鄉。一朝出門去，歸來夜未央。【批】今宿荒草鄉下，一本有荒草無人眠，極視正茫茫二句。

荒草何茫茫，白楊亦蕭蕭。嚴霜九月中，送我出遠郊。四面無人居，高墳正嶕嶢。馬爲仰天鳴，風爲自蕭條。幽室一已閉，千年不復朝。千年不復朝，賢達無奈何。向來相送久，各自還其家。親戚或餘悲，他人亦已歌。死去何所道，託體同山阿。

祁寬曰：昔人自作祭文挽詩者多矣，或寓意騁辭，成於暇日。寬考次靖節詩文，乃絶筆於祭挽三篇，蓋出於屬纊之際者。情辭俱達，尤爲精麗。其於晝夜之道，了然如此。古之聖賢，唯孔子、曾子能之。見於曳杖之歌、易簀之言。嗟哉，斯人没七百年，未聞有稱贊及此者，因而表出之，附于卷末。

趙泉山曰：『嚴霜九月中，送我出遠郊。』與自祭文律中無射之月相符，知挽歌乃將逝之夕作。是以梁昭明采此辭入《選》，止題曰『陶淵明挽歌』。而編次本集者不悟，乃題云《擬挽歌辭》。曾端伯云：『秦少游將亡，效陶淵明自作挽歌。』王平甫亦云：『九月清霜送陶公。』此則挽辭决非擬作，從可知矣。

按陶集有《四時》一首，即『春水滿四澤』云云也。許彦周《詩話》以爲顧長康詩誤入者，兹不録。又《問來使》一首，湯東澗謂是晚唐人因太白《感秋》詩僞作，而張潔生以『歸去來山中，山中酒應熟』非淵明不能道。愚按全詩氣味究與淵明不類，故並置之。

【校】

〔一〕稿本無此篇。

民國三十一年二月十日，在北京得之於邢姓書賈，價三十五元。

知堂燈下記。

書中『胤』字缺筆，所署『戊子』，當是乾隆之三十三年。唯雍正時諱『丘』，而是中悉不避，何也？又『寧』字皆寫作『寕』，則或是帖體，而非避寫也。

附録

陶集小記（節選）

周作人

……

寒齋所有的陶集不過才二十種，其中木刻、鉛字、石印都有，殊不足登大雅之堂，不過這都沒有關係，反正供常人翻閱，也大抵可以够用了。今列記於下：

……

酉、《和陶集》不分卷，抄本一册，張岱評。書名『和陶』，而實則具録淵明原詩，附列東坡和作，其後有張宗子補和者二十五首，前半有張氏評語，其評宗子和作部分或出於王白嶽輩之手乎？抄本在東坡和詩末尾有朱筆題記五行云：

張岱號蝶菴，所著小品如《西湖夢尋》、《越人三不朽》，已經梓行，其未梓者有《陶菴文集》、《石匱全書》、《夜行船》、《快園道古》數種。兹編予於會稽謝氏案頭見之，丹墨猶新，蓋其手自評點者也。較訂陶集異同各字，視他本最善，因借抄一册，以爲行笈秘玩云。戊子仲冬朔有三日，漢陽朱景超識。

宗子和詩後又有三行云：

右蝶菴和陶，如和《規林阻風》及《六月遇火》等作，中間塗抹不一，或注改字、另入字，此蓋其未定稿也。姑仍之，以俟獲正集時再訂。虎亭識。

案抄本中『胤』字缺筆，所署戊子當是乾隆之三十三年，去今亦已百七十五年矣。宗子對於東坡殊不客氣，評淵明詩固多傾倒，但也有一兩處，如《答龐參軍》批云：『亦是應酬語。』又《和胡西曹》批云：『陶詩亦復不佳。』語甚戇直，陶詩評語中殆不多見，頗有意思。宗子和陶詩有小引云：

子瞻喜彭澤詩，必欲和盡乃已，不知《榮木》等篇何以尚遺什分之二。今余山居無事，借題追和，已盡其數。子瞻云，古人無追和古人者，追和古人自子瞻始。乃今五百年後，又有追和古人者爲之拾遺補闕，子瞻見之，得不掀髯一笑乎。

宗子所和詩不知視東坡何如，讀去覺得却也還不惡，但我感覺有意味的，乃是於此蒐得宗子逸詩多首，又有好些資料，如《和贈長沙公》序中有云：

博聞洽記，余慕吾家茂先，因於讀禮之暇，作《博物志補》十卷，以續其韵。

可知宗子尚有此種著述。又《歸鳥》原本四章相連，和作則分爲四首，序云：

會稽土産，曰鑄茶、破塘筍、謝橘、楊梅，他方罕比，東坡有言，無事而受此諸事之備，慚愧慚愧，因和淵明《歸鳥》韵，作詩頌之。

鴿峯草堂周氏抄本《陶菴詩集》中有《咏方物》五律三十七首，得此四章，可以增補。詩集中有四言《述史》十四章，與此本不同，又五言《和貧士》七章、《和述酒》、《和有會而作》、《和挽歌辭》三章，此本均無之，蓋因東坡已和，故不重複收入歟。

……

一九四四年一月《古今》第三十九期

陶菴對偶故事

整理前言

《陶菴對偶故事》是張岱編纂的一部蒙學著作，最早著録于《鄞縣通志·文獻志》。然而長期以來，學界雖知張岱有此書，但由於未見原書，於該書性質多是懸揣之辭，如胡益民先生於《張岱評傳》中即謂爲後人集《快園道古》及《西湖夢尋》《瑯嬛文集》等書中柱銘撮抄而成。筆者在天一閣博物館訪書時，獲觀該書抄本，當是天壤間僅存之本，始識書之本來面目。

《陶菴對偶故事》共兩卷，依照平水韻目，卷上分上平、下平，卷下分上、去、入，每韻之下各繫八字韻語，多寡不一，亦有若干韻目無韻語。每組韻語分兩下兩截，各四字，以對偶分詠兩事。韻語則分注兩事出典，間有兩事同出一典者。此書體例仿自唐朝李翰《蒙求》，惟張岱自作注，有别於《蒙求》後人作注。

天一閣藏抄本僅一册，以竹紙抄寫，薄如蟬翼。卷首有張岱《陶菴對偶故事小引》，字頗雄恣，卷末署『劍南學究張岱撰』，後有『張岱之印』『客園』兩方墨印。『客園』一印當亦爲張氏印，前所未聞，僅見於此，或爲張岱僦居快園時所製。此序當是摹自底本。正文韻語作大字，其後注文字體則纖細如蚊脚。全書有三方陽文藏書印，『朱别宥收藏記』鈐於《小引》首頁，『蕭山朱氏』及『鼎煦』則鈐於正文首頁。三方印皆蕭山朱鼎煦（字酇卿）所有，則此書當爲朱氏別宥齋故物，而別宥齋藏書爲今日天一閣藏書三大來源之一。此書避『玄』、『胤』、『弘』、『琰』及『丘』等字，皆缺末筆，而不避『寧』字，則此書當抄於嘉慶時期，且底本很可能就是張岱手稿本。天一閣另藏有紹興鳴野山房沈復燦抄本《瑯嬛文集》，亦原藏別宥齋。經比對，紙張、筆跡、避諱與此書如出一手，斷此《陶菴對偶故事》爲沈復燦鳴野山房抄本，當非武斷。《鄞縣通志·文獻志》著録此本爲稿本，不確。

張岱《自爲墓誌銘》未言及是書，而《自爲墓誌銘》作於張岱六十九歲（一説七十四歲），又據張岱《小引》稱『余今老大健忘』，則此書必作於張岱晚年，而具體年代則不可考。

此書本爲童蒙而設，非張岱精心撰著之書，韻文之外，小注文字亦多承襲舊文，無甚精義，且蹈明人學問空疏之病，輾轉稗販，考核亦不甚精，如『公沙穆』訛爲『公孫沙穆』，『胡毋輔之』訛爲『胡輔之』，不一而足，在張岱著作中實非上乘之作。然而舊學日衰，書中至淺顯之典故，恐今人知之者亦不能多。多識前言往事，充廣腹笥，此書於今日當非無益。此書亦可視作張岱之兔園册子，張岱詩文使事多有出其中者，讀者讀張岱他書可參考。

此次整理《陶菴對偶故事》，以天一閣藏抄本爲底本。此抄本保存狀況不佳，前後多有蟲蛀，致部分文字迷失。筆者不揣僭妄，或據文意，或據他書，思爲補足，以〔〕識之，以便觀覽。此外，訛缺衍倒之處，或爲張岱本來之誤，或爲抄者眼花手快，亦所在而有，凡有改動，皆出校記説明。

此書整理過程中，多得天一閣博物館李開升、樓國梁、李齊諸先生之助，銘感在心，謹申謝意。

昔人云校書如掃落葉，此書雖爲小册子，但也積葉滿徑，勢非一掃所能凈盡，尚深有望於後之二掃、三掃者。

丙申處暑後一日，路偉於武林。

陶菴對偶故事小引

佛言五官之用，目根鈍，耳根靈，故穉季幼學凡從目根入者旋瞬失記，從耳根入者〔歷久〕不忘。故僧家禪必由參，棒必用喝，儒家聰必先明，學必兼問，蓋以其聲入心通，鏤肝刻骨，雖時日〔寖〕遠，依然言猶在耳也。余今老大健忘，目前之事一過輒不能憶，凡從兒時學堂中先生所講日記故事，如孟宗泣竹、王祥卧冰之類，曾有一句一字之遺忘否耶？余偶翻舊籍，見唐人李翰所輯《蒙求故事》，上用對偶，下排韻脚，以故事對類二書合而〔爲一〕，其用以發矇醒聵不無小補。然細爲檢閱，猶嫌其對偶不確，叶韻不工，注疏不明，蒐羅不廣，寒儉潦艸，未爲〔佳〕書。余乃更爲編摩，八字諧聲，既便誦讀，而四言叶韻復費推敲，雖爲老生之常談，寔啓小兒之茅塞。挾此以往，其非詩腸之鼓吹，亦即學海之飣餖矣。敢曰家自教兒，乃以公之蒙訓。

劍南學究張岱撰。

目録

陶菴對偶故事卷上

陶菴對偶故事卷下

陶菴對偶故事卷上

劍南學究張岱纂

上平

一東

堯游西華　舜歌南風

堯游康衢，觀于華，華封人曰：『嘻，請祝聖人多富、多壽、多男子。』世傳華封三祝。舜彈五絃之琴，以歌南風，詞曰：『南風之薰兮，可以解吾民之愠兮。南風之時兮，可以阜吾民〔之財兮〕。』

漢高芒碭　太公新豐

秦始皇東游，以厭天子氣，漢高即自疑亡匿，隱于芒碭山。吕后常求得之，高祖怪問，后曰：『季所居上常有雲氣，故從往，常得季。』高祖心喜，沛中子弟聞之多往附焉。漢太公心愛舊居鄉里，高祖命匠人胡寬倣其衢巷門閭，徙其里人居之。士女老幼相携路首，各認其門而入，放牛羊雞犬于通途，亦各認其家。名曰新豐。太公大悦。

茂陵磨劍　鼎湖墮弓

漢武崩後，忽見形，謂陵令薛平曰：『我雖失勢，猶爲汝主。奈何令士卒上吾〔陵〕磨劍？自今以後當禁之。』

黄帝采銅鑄鼎，鼎成，有龍垂胡髯下迎，帝騎龍上天，群臣後宫七十餘人從，小臣不得上，悉持龍髯，髯拔，墮地爲弓，抱其弓而號。後世名其湖曰鼎湖，名其弓曰烏號。

朝陽鳴鳳　渭水非熊

唐高宗時自韓瑗、褚遂良死，内外以言爲諱。高宗造奉天宫，李善感極諫，時人稱爲『朝陽鳴鳳』。

姜太公年八十，釣于渭水。文王將畋，命太史占之，占曰：『非龍非彲，非羆非熊，所獲霸王之輔。』至渭水，果得太公，載之後車，尊爲尚父。

二冬

越裳獻雉　劉累豢龍

越裳氏重三譯而來獻白雉，曰：『天無烈風淫雨，海不揚波三年矣，意中國其有聖人乎？』使者迷其歸路。周公作指南車以導之。

夏王孔甲好鬼神之事，肆行淫亂，天降二龍有雌雄，劉累學擾龍于豢龍氏，能飲食之，賜氏曰御龍。

姜維膽斗　盧植聲鐘

姜維爲漢大將軍，整戎出戰，屢爲鄧艾所破。及維死，剖腹視之，膽大如斗。

後漢盧植爲人威嚴剛毅，聲如鋐鐘，官至尚書。

王濬懸刀　丁固夢松

晉王濬有大志，夜夢懸三刀于屋梁上，須臾又加一刀。濬惡之，李毅賀曰：『三刀乃州字，益一刀，其臨益州乎？』後果爲益州刺史。

吴丁固爲尚書，少夢松生腹上，謂人曰：『松字，十八公也。我年十八，其爲三公乎？』後果如其夢。

坡公奎壁　曼卿芙蓉

徽宗設醮，道士拜章伏地，許久方起曰：『適至上帝所，值奎宿奏事良久，待其畢，始得達章疏也。』帝問：『奎宿何神爲之？』對曰：『乃本朝臣蘇軾也。』上大驚，遂弛其文禁。

石曼卿〔卒〕，〔其故〕人有見之者，恍惚如夢中，言：『我今爲〔芙蓉城〕主。』欲呼故人共遊，不諾，忿然騎一素驢而去。

三江

鬬雷遶墖　斫水渡江

齊神武道逢雷雨，前有浮圖，使薛孤延視之。孤延見雷火震燒浮圖，大聲喝殺，遶浮圖走，火遂滅。及還，鬚髮皆焦，神武曰：『卿乃能與霹靂鬬。』

王閦渡錢塘，遭風，船欲覆。閦拔劍斫水痛駡伍子胥，風稍緩，獲濟。

散花法座　離垢寶幢

梁高僧講經于天龍寺，天雨寶花，繽紛而下。

西方有佛，監一寶幢，纖塵不染，名曰離垢幢，諸弟子起七寶塔以莊嚴之。

四支

炎帝精衛　大禹支祁

炎帝女溺死渤澥海中，化爲精衛鳥，日啣西山木石，以填渤澥，至死不倦。

大禹治水，至桐柏山，獲水怪名無支祁〔一〕，形似獮猴，力踰九鼎，人不可視。乃命庚辰鎖禁于山麓水底，淮水乃安。

【校】

〔一〕『無支祁』，原作『支無祁』，據《太平廣記》卷四百六十七《李湯》改。

太公覆水　五羖烹雌

姜太公初娶馬氏，太公讀書，不事産業，馬求去。及太公封齊，馬求再合。太公取水一盆傾于地，令婦收水，惟得其泥。太公曰：『若能離更合，覆水豈難收？』

百里奚爲秦相，堂上作樂，有浣衣婦自言知音，援琴歌曰：『百里奚，五羊皮。憶别時，烹伏雌，炊扊扅。今當富貴忘我爲。』尋問之，乃其妻也。

張良辟穀　李泌燒梨

張良從帝入關，即導引不食穀，乃曰：『吾以三寸舌爲帝者師，封萬户侯，此布衣之極，於良足矣。願棄人間事，從赤松子遊耳。』

唐肅宗夜召李泌，與潁王等三弟同坐地爐罽毯上。時泌絶粒食久，上自燒二梨以賜之，因與諸王聯句曰：『夜抱九仙骨，朝披一品衣。不食千鍾粟，惟飡兩箇梨。』每引導，骨節皆珊然有聲，時人謂之『鎖子骨』。

鄴令投嫗　狄公焚祠

西門豹爲鄴令，聞民間爲河伯娶婦。豹往視之，詭言女醜，令巫嫗往問之，投巫水中，不報。再殺童子一人，又不報。欲投豪長者，皆叩頭流血。後無復敢言河伯娶婦者。

狄梁公爲江南巡撫，拆毁吴楚淫祠一千七百餘所，獨留夏禹、泰伯、季札、伍員四祠，有《焚西〔楚霸王〕廟檄文》傳世。

楊朱泣路　墨翟悲絲

《淮南子》曰：墨翟見練絲而悲之，爲其可以黄可以黑。楊朱見岐路而泣之，爲其可以南，可以北。

何晏傅粉　杜乂凝脂〔一〕

魏何晏有美姿，面至白，文帝疑其傅粉。夏月令食湯餅，汗出，以巾拭之，其色愈白。杜乂貌美，有盛名於江左。王右軍見之，曰：『膚如凝脂，眼如點漆，神仙中人也。』

【校】

〔一〕『杜乂』，原作『杜祐』，據《晉書》卷九十三《外戚傳》改。

宿瘤採桑　漆室憂葵

東郭女以項有瘤，故名宿瘤。齊閔王出游，百姓皆往觀，女獨採桑不顧。王召問之，對曰：『女受命採桑，不敢視大王。』王曰：『此奇女也。』聘以爲后。

魯漆室之女倚柱而哭，隣婦問之，女曰：『昔晉客舍我家，放馬園中，佚馳走踐吾葵，使我終歲不得食葵。今魯國有患，君臣父子皆受其辱，婦人獨安逃乎？』

秉去三惑　震畏四知

漢楊震爲東萊太守，舉故人王密爲昌邑令。密懷金謝之，震曰：『故人知君，君不知〔故人，何〕也？』密曰：『暮夜無知者。』震曰：『天知，地知，〔我知，子〕知，何謂無知？』密愧而去。震次子秉爲太尉，居官清正，嘗曰：『我有三不惑，酒色財也。』

處仲擊唾　孟德彈碁

王處仲每酒後輒咏『老驥伏櫪，志在千里。烈士暮年，壯心不已』，以如意打唾壺，壺口盡缺。

彈碁始自魏宫内妝奩戲，魏武帝於此戲特妙，用手巾角拂之，無不中。有客自云能，帝使爲之。客著葛巾角，低頭拂碁，其妙踰于帝。

賈生賦鵩　莊子牽犧

賈誼，洛陽人。年十八，能屬文。〔文〕帝拜大中大夫，徙遷長沙太傅。三年，有鵩飛入坐隅，誼謂不祥，賦鵩自解。

楚使徵聘莊周，周謂使者曰：『子見犧牛乎？衣文繡，食芻豆，若貴于群牛，至牽入太廟，求爲孤犢得乎？』

韓非孤憤　梁鴻五噫

韓非爲韓之諸公子，見韓削弱，數以書諫韓王，王不能用，遂作《孤憤》、《五蠹》之説十餘萬言。

梁鴻隱霸陵山中，以耕織爲業。時出關過京師〔一〕，嘗作《五噫之歌》。

【校】

〔一〕「關」，原作「開」，形近而誤，徑改。

秦瓊雷駮　項籍烏騅

唐秦瓊所乘馬名忽雷駮，餵料時每飲以酒，常於月下試之，能竪越三領黑氈。瓊卒，嘶鳴不食而死。

韓信圍項王于垓下，四面皆楚歌。項王夜起，飲帳中，歌曰：『力拔山兮氣蓋世，時不利兮騅不逝。騅不逝兮可奈何，虞兮虞兮奈若何！』歌數曲，美人和之，項王泣數行下，左右皆泣，莫能仰視。

東山破斧　博浪操椎

管叔鮮、蔡叔度、霍叔處挾武庚以叛。王命周公東征，殺武庚，誅鮮，囚度，降處爲庶人。

韓人張良五世相韓。及韓亡，良散千金之産爲韓報仇。始皇東游，至博浪沙中，良與力士操鐵椎狙擊始皇，誤中副車。始皇大驚，求賊不得，令天下大索十日。

五微

游山覆錦　擲骰賜緋

錢鏐王游衣錦城，宴故老，山林皆覆以錦，號其幼所嘗戲大木曰衣錦將軍。

唐明皇與貴妃雙陸，將北，惟重四可轉敗爲勝。上連呼叱之，骰旋轉而爲重四。上大悦，命高力士賜四以緋。今骰子飾四以朱始此。

張衡天象　大舜璿璣

張衡善機巧，尤精天文曆算。爲太史令，〔作〕渾天儀，又作候風地動儀，巧奪天工，人莫能測。

大舜以正月上日受終于文祖，在璿璣玉衡，以齊七政，肆類于上帝，禋于六宗，望于山川，徧于群神。

六魚

衛武懿戒　吕望丹書

衛武公年九十五，猶箴儆于國，曰：『無謂我老耄而舍我，必恪恭朝夕以交戒。』因作《懿戒》以自儆。及卒，謂之叡聖武公。

尚父作丹書，謂武王曰：『敬勝怠者吉，怠勝敬者滅。義勝欲者從，欲勝義者凶。』王聞之，惕若恐懼，退而爲戒銘，書于楹几户牖。

馮異大樹　千秋小車

後漢馮異爲人謙退，當諸將論功，異獨坐大樹下，不自矜伐。上分隸士卒，皆言願屬大樹將軍。

田千秋爲丞相〔一〕，年老，上優禮之，乃乘小車至殿，因號『小車丞相』。

【校】

〔一〕『田千秋』，原作『田生秋』，據《漢書》卷六十六《田千秋傳》改。

孟母却鮓　羊續懸魚

吴孟宗除鹽池司馬〔二〕，自能結網捕魚。作鮓寄母，母却之，曰：『汝爲魚官，以鮓寄我，非避嫌也。』

漢羊續爲南陽太守，府丞獻魚，續受而懸之。他日又送，續出前懸魚示之，乃止。

【校】

〔一〕『吳』，原作『異』，『鹽池』，原作『益州』，據《三國志》卷四十八《孫皓傳》裴松之注改。

輪扁斲輪　梓慶削鐻

桓公讀書堂上，輪扁斲輪堂下。問公：『讀何書？』曰：『古書。』扁曰：『古人往矣，此其糟魄也。若臣之斲輪，則得心應手，雖父不能傳之子也。視此糟魄奚爲？』

梓慶削木爲鐻，鐻成，驚猶鬼神。魯侯問：『子何術至此？』對曰：『臣之削鐻，齋三日而不敢懷慶賞爵禄，齋五日而不敢懷非譽巧拙，齋七日而忘吾有四骸形體。蓋以天合人，器之所以凝神也。』

霽雲截指　吳起吮疽

睢陽圍急，令南霽雲往賀蘭請救，兵不發而大饗霽雲〔一〕。樂作，雲泣曰：『昨出睢陽時，士不粒食已彌月矣。今大夫不發兵，而廣設聲樂，義不忍獨享，請置一指以示信，歸報中丞。』因拔佩刀斷指，一座皆驚，爲出涕，卒不食而去。

吳起爲魏將，爲卒吮疽，其母哭之。人曰：『子卒也，而將軍自吮其疽，何哭爲？』答曰：『昔將軍爲其父吮疽，戰不旋踵，遂死于敵。今又吮其子，吾不知其死所矣。』後起伐楚，卒果先殺。

【校】

〔一〕『霽雲』，原作『霹雲』，據上文改。

荆州息壤　寧海尾閭

息壤地名有二：一在荆州，一在永州，地中不可犯畚鍤，犯者即死。台州寧海縣東海中水湍急，陷爲大渦者十餘處，百凡浮物近之則溺。

軒轅二酉　董遇三餘

大酉山、小酉山謂之二酉，爲軒轅黄帝藏書之處。

董遇讀書謂有三餘，冬者歲之餘，夜者日之餘，雨者月之餘。

七虞

虞廷六瑞　光武五銖

六瑞：王執鎮圭，公執桓圭，侯執信圭，伯執躬圭，子執穀璧，男執蒲璧。此虞制也。

蜀中謡曰：『黄牛白腹，五銖當復。』時人竊意王莽稱黄，公孫述繼之，故稱白。五銖，漢家貨，明當復也。術遂誅滅，光武起于南陽白水鄉，白腹當應於此。

聶政抉目　李勣燎鬚

聶政刺韓相俠累，皮面抉目，自屠出腸，其姊往哭之曰：『是軹深井里聶政也，以妾在，故自刑以滅跡，妾敢畏死以泯賢弟之名哉？』遂死于政屍之旁。

李勣性友愛，其姊病，常自爲粥而燎其鬚。姊戒止之，勣曰：『姊且疾而勣且老，雖欲進粥尚幾何？』

季札挂劍　徐穉致芻

吴季札使北，過徐君，徐君欲其劍而不言。季札心知之。比反，徐君已死，札乃解劍挂徐〔君〕塚樹而去。

徐穉字孺子。時郭林宗母喪，〔穉〕往弔之，致生芻一束于壙前而去。林宗曰：『詩云「生芻一束，其人如玉」，此必南州高士徐孺子也。』

文寶緝柳　温舒截蒲

楚孫敬字文寶，留心好學，緝柳作筆，用以寫經。

漢路温舒家貧好學[一]，牧羊于大澤中，截蒲以供書。太守見而奇之，使就學，仕至郡守。

【校】

〔一〕『路温舒』，原作『温舒』，據《漢書》卷五十一《路温舒傳》改。

仲連蹈海　范蠡泛湖

齊魯仲連好持高節，義不帝秦，遺新垣衍書曰：『秦君肆然爲帝，連有蹈東海而死耳。』范蠡佐句踐滅吴霸越，遂泛湖遠遁。越王以良金寫像，朝夕禮之。

武侯龍卧　士元鳳雛

劉玄德訪士于襄陽司馬徽，徽曰：『識時務者謂之俊傑。此間有伏龍雛鳳。』玄德問：『雛鳳爲誰？』曰：『龐士元。』『伏龍爲誰？』曰：『諸葛孔明。』時人稱徽爲水鑑。

相如滌器　文君當壚

卓文君，卓王孫之女，私奔司馬相如。王孫惡之，一錢不與。相如乃盡賣車騎，置酒舍，令文君當壚，相如身自著犢鼻裩滌器市中，以辱王孫。王孫乃分與文君僮僕百人，錢百萬。

卧醒花影　濯魄冰壺

李白登眉州象耳山，留題云：『夜來月下卧醒，花影零亂，滿人襟袖，疑如濯魄于冰壺也。』

端陽角黍　元旦屠蘇

屈平午日投汨羅〔一〕，楚人以竹筒貯米投水祭之，每爲蛟龍所奪。後以楝樹葉、五綵絲縛之，以免龍患，因名角黍。

古人于元旦飲屠蘇酒，先少者，後老者，以少者得歲故先之，老者失歲故後之。

【校】

〔一〕『汨羅』，原作『泊羅』，形近而誤，徑改。

長卿題柱　終軍棄繻

司馬相如字長卿，往蜀郡，過昇仙橋，題其柱曰：『大丈夫不乘駟馬高車，不復過此橋。』

終軍年十八西入關，吏與約傳還當合繻。軍曰：『大丈夫西游終不復還。』棄繻而去。後爲謁者，建節東出關，吏見之曰：『此前棄繻生也。』

田橫海島　子春徐無

漢高得天下，田橫竄居海島。帝召之，横與二客至洛陽，未至三十里自殺，帝以王禮葬之，二客皆自剄下從。餘五百人在海中者亦皆自殺。

田疇字子春，從事劉虞。虞爲公孫瓚所害，疇會宗族及附從數百人掃地而盟曰：『君仇不報，吾不可立于人世。』遂入徐無山中，百姓歸之至五千餘家。

平原銀鹿　曲江飛奴

唐顔真卿爲平原太守，有家僮名曰銀鹿，服役終身，大得其力。歐陽公云：『銀鹿鼎來。』

曲江張九齡家養群鴿，每與親知書，繫鴿足上投之，呼爲『張氏飛奴』。

老萊舞彩　閔損絮蘆

周老萊子至孝，行年七十，言不稱老，常著五彩斑斕之衣，爲嬰兒戲于親側。

閔損早喪母，父娶後母，生二子，衣以綿絮，妬損，衣以蘆花。父令損推車，體寒失靷，父察知故，欲出後母，損曰：『母在一子寒，母去三子單。』母聞悔改。

姜詩養母　山南乳姑

姜詩事母至孝。母好飲江水及嗜魚膾，詩夫婦汲水作膾，日夜勤勞。舍側忽有泉湧，味如江水，水中日獲雙鯉，取以供母。

唐崔山南曾祖母長孫夫人年高無齒，祖母唐夫人每日櫛洗升堂，乳其姑，姑不粒食，數年而康。

孫晨藁席　原憲桑樞

孫晨家貧，爲京兆功曹，冬月無被。有藁一束，暮卧朝收。

原憲居魯，環堵之室，蓬户甕牖，以桑爲樞，上漏下濕，坐而絃歌。子貢過之，曰：『子何病之甚也！』憲曰：『吾聞無財爲貧，道不行爲病。今憲貧也，非病也。』

贊皇水遞　韋陟香厨

李贊皇在中書，不飲京城水，悉用惠山泉，時人謂之『水遞』。

韋陟封郇公，精于飲饌，厨中香味酷烈，人稱之曰『郇公香厨』。

八齊

仲尼黄玉　劉向青藜

孔子作《春秋》《孝經》成，向北辰告備，赤虹自天而降，化爲黄玉，上有刻文曰：『寶文出，世主握。卯金刀，在軫北。字木子，天下服。』

劉向校書天禄閣，有老人杖青藜，叩閣而進，吹杖頭烟，燃火曰：『我太乙之精也。』出竹牒天文地理之書，悉以授向。

伊尹莘野　吕尚磻谿

伊尹耕于有莘之野，湯三使往聘之，尹乃就湯，以伐暴救民。

磻谿在鳳翔府，吕尚釣此，得一魚，腹有璜玉，文曰：『周受命，吕氏佐令。』石上隱隱見兩膝痕。

玄宗舞象　蘇武牧羝

唐明皇有舞象數十。禄山亂，據咸陽，出舞象令左右教之，舞象皆努目不動。禄山怒，盡殺之。

蘇武使匈奴，單于幽武大窖中，絕不飲食。天雨雪，武齧雪與旃毛咽之，數日不死，匈奴以爲神，乃徙武海上，使牧羝，曰：『羝乳乃得歸。』

萇弘化碧　温嶠燃犀

周萇弘，資中人，孔子嘗從問樂。弘矢心王室，而王不能用，且殺弘以悦趙鞅，此周之所以日衰也。弘死藏其血，三年化爲碧。

温嶠至牛渚，水深不可測。相傳其下多怪物，嶠乃燃犀照之，須臾見水族奇形怪狀，有乘車馬著赤衣者。嶠夢人曰：『與君幽明道隔，何事相窘？』嶠遂病齒，旬日而卒。

王導江左　楊震關西

晉王導輔元帝，情好日隆，權傾朝野，號爲仲父。桓彝見導，稱之曰：『江左自有夷吾，吾復何憂？』

楊震孤貧力學，博覽明經，諸儒稱爲關西夫子，官至太尉而律身廉謹，爲人所佩服。

林逋放鶴　祖逖聽雞

林逋住孤山，嘗種梅花數百樹，畜二鶴。每泛舟湖中，客至，童子縱鶴高飛，逋即鼓棹而歸。

祖逖與劉琨同寢，夜半聞雞聲，逖戲琨曰：『非惡聲耶？』聞而起舞。

九佳

文皇匿鷂　睿宗鑄蝸

文皇得佳鷂，自臂之，望見魏徵來，匿懷中。徵奏事故久不已，鷂竟死懷中。

睿宗爲冀王時，殿上蝸跡成『天』字，上懼，遽掃之，經數日又復如初。及即位，雕玉鑄黄金爲蝸形，分置釋道像前。

康王泥馬　信國神牌

康王質于金，間道奔竄，倦息崔府君廟，夢神言：『追騎且至，王宜速去。已備馬門首。』王出騎之，日行七百里。既渡河而馬不前，視之乃泥馬也。

文文山既赴義，日月晦暝，晝行以燭。元主命加以封號，立牌祭祀。忽發狂飈，牌升霄漢，天色愈暗，乃改『前宋少保右丞相信國文公之位』，天遂開霽。

十灰

虞卿九棘　王氏三槐

九棘：公、侯、伯、子、男、九卿之位也，樹棘以爲位，取其内赤心而外多刺。王旦父王祐有陰德，手植三槐于庭，曰：『吾後世必有爲三公者，植此所以志也。』

魯陽揮日　陳桱叱雷

魯陽公與韓搆戰，戰酣日暮，援戈揮之，日返三舍。陳桱作《通鑑續編》，書『宋太祖廢周主爲鄭王』，雷忽震其几，桱厲聲曰：『老天便打折陳桱之臂，亦不换矣。』

泄柳拒户　顔闔鑿阫

泄柳，魯穆公時人。公就見，柳閉門而不納。顔闔，魯人，守道不仕，魯君遣幣聘之，闔紿使者出門，鑿阫而遁。魯君徧求之不得。

鄭莊置郵　燕昭築臺

漢鄭莊，字當時，任俠好客。嘗置郵于長安諸郡，以接賓客，所交皆天下名士，一時翕然稱之。燕昭王卑辭厚幣以禮賢士，于是築臺，師事郭隗。四方聞之〔一〕，名士皆至。

【校】

〔一〕『四方』，原作『田方』，形近而誤，徑改。

隋煬楊柳　何遜官梅

隋煬帝開河成，虞世基請于堤上栽柳，詔民間進柳一株，賜一縑。栽畢，上御筆賜垂柳姓楊，曰楊柳。官梅，官閣梅也。何遜在揚州爲法曹，官舍有梅一株，日咏其下。

初平叱石　左慈擲杯

黄初平少時爲兄牧羊，遇道士引至金華山脩道。兄往尋之，問羊何在，平叱山中白石，皆起成羊。兄方駭異，平遂不見。左慈有道術，曹操召見，設酒，慈以簪畫杯，酒分爲兩半，慈飲一半，餘與操飲。操不肯受，慈擲杯于屋，化白鶴棲于梁上。衆皆視鶴，慈即遁去。

未央藻兼　昆明劫灰

漢武帝宴未央宫，忽聞語云：『老臣尋覓不見。』梁上有一老人長九寸，拄杖僂步。帝問之，老人下，稽首不言，仰視屋，俯視帝足，忽不見。東方朔曰：『是名藻兼，水木之精，以陛下好興土木，願止足于此也。』武帝鑿昆明池，極深，悉是灰墨。後問西域胡人，答曰：『天地大劫將盡則劫燒，此劫燒之餘灰也。』

漢宫騶牙　秦獄怪哉

建章宫重櫟中有物如麋，人莫能識。東方朔曰：『所謂騶牙者也。遠方有歸義，則騶牙先見。』後一年匈奴渾邪王果將千萬衆來降。

帝幸甘泉坂，馳道有虫蟠而覆地，赤如生肝，頭目口鼻耳齒盡具。問東方朔，答曰：『此虫名怪哉，蓋憤氣所化。此必秦之故獄地也。以酒澆之，虫即消化。』

十一真

斛斯錞于　廉郊蕤賓

漢武時雅樂多缺〔一〕。有錞于者，近代所爲，蜀中攜來，人莫之識。斛斯徵曰：『此錞于也。』遂依干寶《周禮》法〔二〕，以芒筒捋之，其聲極振，衆皆歎服。樂工廉郊池上彈蕤賓調，忽聞有物跳躍，乃方響一片，識者知其爲蕤賓鐵也。音樂之妙，乃令物類相感若此。

【校】

〔一〕『漢武』，應作北魏孝武帝，見《周書》卷二十六《斛斯徵傳》。

〔二〕『干寶』，原作『于寶』，據《周書》卷二十六《斛斯徵傳》改。

越主采蕺　姬王積薪

蕺山在紹興府城東北六里。越王嗜蕺，嘗采食之，因以名山。山上有躲婆石、浴鵝池，山麓有筆飛樓，右軍寫《黄庭經》處。

山東嶧山陡峻，猿鳥所不能上，而山頂有姬王墳，相傳當時葬墳時，用柴數萬担堆砌而上，葬後將柴燒過，故有『千日買柴一日燒』之謡。

暴勝持斧　張綱埋輪

前漢暴勝爲直指，使衣繡持斧，警捕盜賊，威振州郡。

後漢順帝遣使巡行郡縣，獨張綱埋車輪于洛陽都亭，曰：『豺狼當道，安問狐狸？』遂劾梁冀兄弟無君十五事，京師震竦。

孟嘉風帽　郭泰雨巾

孟嘉爲桓温參軍。九日會龍山，風吹嘉帽落地不覺，温令孫盛作文嘲之。

郭泰常行陳蔡間，遇雨，其頭巾折一角，時人號爲折角巾。士大夫慕效之。

鮑靚隔世　羊祜前身

晉鮑靚年五歲，與父母云：『本是李家兒，墮井而死。』父母訪之，果是。

羊祜方五歲，令乳母于鄰家李氏園桑樹下探取金環，李氏驚曰：『此吾亡兒所失。』乃知李氏子，祜之前身也。

鄭綮歇後　陸玩無人

唐鄭綮善詩，多俳諧，時號鄭五歇後體。乾寧初拜相詔下，綮搔首曰：『歇後鄭五爲宰相，時事可知矣。』立朝侃侃，無復故態。未三月以太子少保致仕。綮嘗云：『詩思在灞橋風雪中驢子背上。』

晉陸玩拜司空，時王導、郄鑒、庾亮相繼逝世，帝憂無輔，以玩遷司徒。玩辭不獲，而歎息曰：『以我爲三公，是天下無人矣。』

十二文

郎應列宿　榜現五雲

後漢館陶公主爲子求郎，明帝不許，謂群臣曰：『郎官上應列宿，出宰百里，苟非其人，則民受其殃矣。』

韓琦弱冠舉進士，名在第二。方唱名，太史奏日下五色雲見，遂拜右司諫，權知制誥。

顧和麟種　楊愔龍文

晉顧和族叔榮見其總角志氣不凡，曰：『此吾家麒麟種也。興吾宗者必此子。』

《北史》：楊愔幼聰明過人，其叔奇之曰：『此兒駒齒未落，已是吾家龍文。更十年，當求之千里之外。』

丁蘭刻木　王裒泣墳

漢丁蘭幼喪父母，刻木爲像，事之如生。其妻久而不敬，以針戲刺其指，血出，木像見蘭，眼中垂淚。蘭詷得其情，即以不孝逐出之。

魏王裒事親至孝。母生前怕雷，及葬，每遇風雨，即奔至墓所拜跪泣告，曰：『兒在此，母勿懼。』

黄香扇枕　吴猛飽蚊

後漢黄香年九歲，失母，事父盡孝。夏天炎熱，以扇涼其枕簟。冬天寒冷，以身煖其被席。太守劉護表而異之。

晉吴猛年八歲，性至孝。家貧無帳，蚊多噆膚，猛僵卧恣其飽血，不忍驅之，恐其去而噬父也。

十三元

李沆旋馬　于公高門

李沆治第，廳事前僅堪旋馬。或言其太隘，沆曰：『居第當傳子孫。此爲宰相廳事，誠隘，爲太祝廳事已寬矣。』

于公治獄有陰德。常造門閭，令容高車駟馬，曰：『我子孫必有興者。』子定國爲丞相，孫永爲御史大夫。

紀昌貫虱　由基號猿

紀昌學射于甘蠅〔一〕，使昌以髮懸虱于窗間。望之旬月，其虱浸大。三年之後，大如車輪。取矢射之，貫虱之心而懸不絶。

養由基善射，百發百中。楚王畋獵，見白猿，命由基射之。基矢未發，猿乃抱樹而號，知其發必中己也。

【校】

〔一〕『甘蠅』，原作『甘繩』，據《列子》卷五《湯問》改。

干木式廬　於陵灌園

魏文侯知段干木之賢，累召不就。文侯過其廬，未嘗不下車。左右曰：『君何爲自屈？』文侯曰：『寡人富財，干木富義。』

楚王聞於陵仲子賢，欲以爲相，命使送金百鎰以聘。仲子不受，遂逃去，與人灌園。

劉阮天台　武陵桃源

漢劉晨、阮肇入天台山採藥，遇仙姬留之七日，辭歸到家，七世孫皆龐眉皓首矣。

晉武陵人捕魚，緣溪行，見洞口桃花，捨舟入，土地開朗，民居稠𥶍，雞犬桑麻，怡然自得。漁人驚問，云：『先世避秦居此，遂與外隔。』問今是何世，乃不知有漢，無問晉、魏。臨出，云：『不足爲外人道也。』

十四寒

禹鑄九鼎　周設三壇

大禹收天下之銅鑄九鼎，以象九州，圖各州地里貢賦諸法制，以示久遠。

成（武）王有疾，周公爲三壇于南方，北面植璧秉珪，祝告太王、王季、文王，請以身代，納册金縢匱中。王翼日瘳。

廉頗善飯　馬援攀鞍

廉頗一飯斗米肉十斤，披甲上馬，以示可用。郭開謂趙王曰：『廉將軍雖老，尚健飯。』

漢征五谿蠻，馬援年六十二，自請曰：『臣尚能披甲上馬。』上令試之，援據鞍顧眄，以示可用。帝笑曰：『矍鑠哉是翁也！』

蕭朱結綬　王貢彈冠

漢蕭育在哀帝時爲執金吾，少與朱博爲友，育方薦博于上，與之同朝結綬。

王吉爲諫議大夫，與貢禹友善，知其必薦己，乃彈冠語人曰：『王吉在朝，吾將仕矣。』

龐統展驥　仇覽棲鸞

劉先主以龐統爲耒陽令，統至任不治〔一〕。魯肅遺先主書曰：『龐士元非百里才，使居治中、別駕之任，當展其驥足耳。』

仇覽爲考城簿，專尚德化。時王奐爲令，政治慘刻。一日謂覽曰：『得無少鷹鸇之志耶？』對曰：『鷹鸇不若鸞鳳。』奐笑曰：『枳棘非鸞鳳所棲，百里非大賢之路。』

【校】

〔一〕『任』，原作『住』，形近而誤，徑改。

十五彥

張生煮海　秦鐸毆山

張生遇神人，與一鍋，令持至海邊，盛海水燒之，鍋乾一分，海乾一丈。乾至半鍋，海神獻寶無數，求其滅火。

秦始皇有敺山鐸，振其鐸則石山皆走。後漁人獲之水中，舉鐸一摇，衆山皆動，識者曰：『此秦王鐸也。』

廣德污轂　郅惲拒關

前漢薛廣德喜强諫。元帝祀太廟，出門欲御樓船，廣德免冠諫曰：『請從輦。如不聽臣言，臣自刎以污輦轂，陛下不得入廟矣。』

郅惲爲東門監。漢世祖出獵夜還，惲拒關不納曰：『遠涉山林，夜以繼晝，其如社稷何？』帝深納之。

魏顆結草　楊寶啣環

晉武子疾篤，囑其子顆曰：『吾死，某妾可善嫁之。』後又言：『此妾當以殉葬。』及卒，顆曰：『善嫁，治命也。殉葬，亂命也。吾從治命。』卒嫁之。後顆臨陣，見一老人結草以陷秦師。是夜老人入夢曰：『我乃妾父，感君從治命，故以報也。』

漢楊寶行華山，見一黄雀被創，爲蟻損足，寶收之巾箱内，採黄花飼之，十餘日足愈，置使飛去。一日變爲黄衣少年，與寶雙玉環曰：『好掌此環，累世爲三公。』其子震至彪，果四世爲太尉。

神禹黄龍　帝昺白鷴

大禹濟江，黄龍負舟。舟中人懼，王仰天嘆曰：『吾受命于天，竭力以勞萬民。生寄也，死歸也，余何憂于龍？』視龍猶蝘蜓。

帝昺爲元兵所迫，陸秀夫抱帝赴海死，御舟一白鷴奮擊哀鳴，墮水以溺。

下平

一先

漢文嘗藥　大舜耕田

漢文帝初封代王，生母薄太后，帝奉養無怠。母病三年，帝目不交睫，衣不解帶，湯藥非口親嘗弗進，仁孝聞于天下。

虞舜，瞽瞍之子。性至孝，父頑，母嚚，弟象傲。躬耕于歷山，有象爲之耕，鳥爲之耘。其孝感如此。

江革負母　董永遇僊

後漢江革幼失父，遭亂負母逃難。遇賊，革輒泣告乞赦老母，賊憐其孝，不忍殺。轉客下邳，貧窮，裸跣行傭以供母。凡母所好之物，雖至窘，莫不畢備。

董永家貧，賣身葬父。及往償工，途遇一婦，求爲永妻。同至主家，令織縑三百疋乃回。一月完成，歸至槐陰會所，遂辭永而去。

黄琬對日　秦宓論天

黄琬十歲時，祖瓊爲魏郡太守。日食，瓊以狀聞，太后問所食多少，瓊未有所對。琬在旁，曰：『何不言日食之餘如月之初。』瓊驚異，用其言以覆。

蜀秦宓，吴使張温來聘，有辯才。丞相亮使宓應對。温問曰：『天有頭乎？』宓曰：『有，在西方，詩曰「乃眷西顧」。』曰：『天有耳乎？』曰：『有，「聲聞于天」，無耳焉聞？』曰：『天有足乎？』曰：『「天步艱難」，無足安步？』曰：『天有姓乎？』曰：『姓劉。天子姓劉，是以知之。』温大歎服。

荀陳聚星　李郭登仙

陳寔〔一〕、荀淑俱有才德，二人與子姪討論，太史奏曰：『五百里内德星見，有賢人聚。』

李膺、郭泰相友善，同舟歸鄉，衆賓望之，以爲登仙。

【校】

〔一〕『陳寔』，原作『陳實』，徑改。按陳、荀事見《異苑》卷四。

劉宴正字　揚雄草玄

唐劉宴八歲能文章。明皇封秦山，宴作頌獻輦下，帝奇之，授太子正字。一日帝問：『卿爲正字，正得幾字？』宴對曰：『天下字皆正，惟有朋字不正。』

揚雄博學好奇，閉門草《太玄經》，學者問字玄亭，户屨常滿。

公藝百忍　孟母三遷

唐張公藝九世同居。高宗封泰山，幸其宅，召見之，問其睦族之道。公藝書忍字百餘以進，帝嘉美之。

孟母遷其居，近墓，孟子好爲墓間之事。再遷近市，孟子好爲貿易之爭。三遷學宮之旁，孟子乃設俎豆，習揖讓進退之節。孟母曰：『此可以教吾子矣。』遂居之。

田單火牛　恕先風鳶

燕樂毅破齊，田單守即墨，收城中得牛千餘頭，衣絳繒，盡畫五采龍文，縛兵刃于其角，灌脂束葦于其尾，穿城數十穴，燒其葦端，縱牛出穴，壯士五千人隨之。牛尾熱，怒奔燕軍，燕軍大敗，復齊七十餘城。

郭忠恕，字恕先，洛陽人。善畫，有求者必怒而去。岐下蜀人日給醇酒，待之甚厚，久乃以情求，且致匹素，恕先爲畫小童持線車放風鳶，引線數丈滿之。

彭咸赴水　屈原沉淵

彭咸，殷大夫，諫其君不聽，自投水死之。故《離騷》云『願依彭咸之遺則』。

屈原，楚宗室，諫，襄王怒，逐之。原披髮行吟，以五月五日自投汨羅江而死。

雍伯種玉　黄尋雨錢

雍伯置義漿以給行者。經三年，有道人贈石子一升，謂種此當産美玉。雍伯種之藍田。北平徐氏有女美而且富，索白璧爲聘，雍往藍田，得白璧數雙，取以聘之。

黄尋家業甚厚，以好施而貧。忽大風雨，落錢于其家，又復巨富。

郭伋竹馬　劉寬蒲鞭

郭伋爲并州牧，行部到河西，兒童數百騎竹馬迎拜。伋曰：『兒童何來？』答曰：『聞使君至，時來相近。』

劉寬爲南陽太守，吏有過者皆用蒲鞭，示辱而已。其性仁厚，喜怒不見于色。

香山九老　竹林七賢

白樂天於香山拉九老會飲，胡杲、吉旼、鄭據、劉真〔一〕、盧真〔二〕、張渾年俱七十以上，狄兼謨、盧貞未及七十〔三〕，重其人品，亦拉入會。

嵇康、阮籍、山濤、向秀、劉伶、王戎、阮咸爲竹林七賢，日以酣飲爲事。

【校】

〔一〕『劉真』，原作『劉真台』，據《新唐書》卷一百十九《白居易傳》改。

〔二〕『盧真』，原作『盧慎』，據《新唐書》卷一百十九《白居易傳》改。

〔三〕『盧貞』，原作『尹盧貞』，據《新唐書》卷一百十九《白居易傳》改。

屠馬避火　裸身刺船

徐敬業幼時，英公惡其狀貌。因獵入林，乘大風縱火燒之，敬業知無所避，屠馬伏其腹中，火過浴血而立。英公大奇之。

陳平間行，仗劍渡河。船人疑其亡將，腰間當有金寶，數目之。平恐，乃解衣裸而刺船，船人知其無有，乃止。

朱亥濺虎　信陵捕鸇

秦昭王會魏王，魏王不行，使朱亥捧璧一雙奉昭王，昭王大怒，置朱亥虎圈中。亥瞋目視虎，眥裂血出濺虎，虎不敢動。

信陵君方與客飲，有鸇擊鳩，走避于公子案下。鸇追擊，殺于公子之前。公子恥之，即使人多設網羅，得鸇數十，責以殺鳩之罪，一鸇低頭，餘皆鼓翅自鳴。公子遂殺低頭者，餘皆釋之。

二蕭

正平撾鼓　伍員吹簫

禰衡字正平，曹操謫爲鼓吏，正月半試鼓，衡揭枹爲《漁陽摻撾》，蹋地來前，躡駁脚足，容態不常，聲節悲壯，座客爲之改容。

伍員字子胥，去楚奔吴，未至吴而病止中道，鼓腹吹簫，乞食于市，因公子光求見王僚，遂説吴伐楚，鞭平王屍，以報父仇。

晉獒逐趙　跖狗吠堯

晉靈公伏甲欲攻趙盾，召盾與飲。提彌明知之，曰：『臣侍飲，過三爵非禮也。』扶而下。公嗾獒，明搏殺之，曰：『棄人用畜，雖猛何爲？』鬭且出，明死之。

漢高祖欲烹蒯徹，徹曰：『嗟乎冤哉烹也！』上曰：『若教韓信反，何冤？』對曰：『跖之狗吠堯，堯非不仁，狗固吠非其主也。當是時，唯獨知韓信，非知陛下也。且天下鋭精持鋒欲爲陛下所爲者甚衆，顧力不能耳，又可盡烹之耶？』帝曰：『赦之。』

歐陽畫荻　懷素書蕉

歐陽脩四歲而孤，母鄭氏教之，家貧乏紙筆，以荻畫地學字。後成大儒。

懷素喜學書，種芭蕉數萬株，取其葉以代紙[一]，名其所居曰緑天菴。

【校】

[一]『代』，原作『伐』，據《清異録》卷上改。

三肴

文王演象　周公繫爻

殷紂囚文王于羑里，文王乃演《易》，作六十四卦彖辭。周公以流言居東，取《易》三百八十四爻，各繫以辭。

李廣射虎　澹臺斬蛟

李廣出獵，見草中石，以爲虎，射之没鏃，視之石也。更射之，終不能入。澹臺滅明渡河，齎千金之璧。河伯欲之，陽侯波起，兩蛟夾舟。滅明曰：『吾可以義求，不可以威劫。』操劍斬蛟，蛟死波息。乃投璧于河，三投而輒躍出，因毁璧而去，示無悋意。

四豪

糜竺禳火　桓景登高

蜀糜竺從洛陽乘車歸，有婦人寄載，臨别曰：『我天使也。上帝令燒汝家，今見汝心善，亟歸搬運家物，我且緩來。』竺從之，資物運盡，止燒小屋數間。

桓景從費長房學道，長房語曰：『九月九日汝家有大灾，可令家人各帶茱萸登高山，飲菊花酒，禍乃息。』景從其言，登高山數日，歸見其家牛羊雞犬皆暴死焉。

雷焕掘劍　吕虔佩刀

張華與雷焕見斗牛間有劍氣，定其分野，當在豐城。華即薦焕爲豐城令，焕到縣，掘獄地深丈餘，得二劍，一送華，一自佩。焕卒，其子佩之，至延津，劍忽躍出入水，令人泅水取之，見兩龍身長數丈，人不敢近。

吕虔有佩刀，贈王祥曰：『相者謂佩此刀者必登三公。卿真公輔器，故以相贈。』祥辭勿獲，乃受。及卒，授弟覽曰：『汝後必興，足稱此刀。』覽佩之，六子皆顯，導即其孫也。

淵明松鞠　仲蔚蓬蒿

陶彭澤解綬歸，作《歸去來辭》，有曰：『三徑就荒，松鞠猶存。』

漢張仲蔚博學善詞賦，杜門養性，户外蓬蒿没徑。時人莫識也，惟劉龔知之。

袁安卧雪　枚乘觀濤

漢袁安客洛陽，時大雪，洛陽尹按行至安門，門閉無行跡，令人除雪，入户見安，僵卧不起。令問之，答曰：『大雪人皆餓死，豈宜干人？』令舉孝廉，爲河南尹。

漢枚乘，淮陰人。游于梁，梁孝王尊爲上客。善屬文，嘗作觀濤《七發》以進楚太子，太子見之，病忽然愈。景帝召拜都尉。

楊脩雞肋　畢卓蟹螯

魏武出征，師老欲退，食雞肋而歎。楊脩曰：『曹公其欲解兵乎？』或問其故，脩曰：『雞肋食之無味，棄之可惜。其歎蓋爲此也。』

畢卓，字茂世。好酒任誕，嘗云：『一手持蟹螯，一手持酒杯，拍浮酒池中，便足了一生。』

文王麟趾　超宗鳳毛

《麟趾》，《周南》美文王之詩，詩曰：『麟之趾，振振公子。于嗟麟兮。麟之定，振振公姓。于嗟麟兮。麟之角，振振公族。于嗟麟兮。』

宋謝鳳子超宗善文詞〔一〕，作《殷妃誄》，帝歎賞曰：『超宗殊有鳳毛。』

【校】

〔一〕『文詞』，原作『之詞』，形近而誤，徑改。

狄梁集翠　張禄綈袍

武后賜張昌宗集翠裘，命與狄梁公雙陸，曰：『以何作注？』公曰：『以臣之袍。』后曰：『價不等。』公曰：『此大臣朝見之服，與配較勝。』昌宗累局連北，公對御褫裘謝恩而出，即賜馬前厩卒。

須賈譖范雎于魏齊，齊笞掠瀕死。亡至秦，更名張禄，爲秦相。賈使秦，雎微服見之。賈驚曰：『范叔一寒至此！』乃取綈袍贈之。及見秦相張禄，乃范雎也。賈肉袒請罪。雎坐賈堂下，置莝豆其前，而馬食之，曰：『爾罪當死，今釋爾者，以綈袍戀戀有故人意也。』

五歌

魯蝗出境　宋虎渡河

後漢魯恭爲中牟令，時蝗虫傷稼，獨不至中牟。河南尹袁安聞[一]，使人視其邑，恭適勸農，坐桑下，有雉止其前，童子在旁。或曰：『何不捕之？』答曰：『方春，雉將雛，故不忍也。』人傳蝗不犯境，化及禽獸，童子有仁心，謂中牟三異。

宋均爲九江太守，郡多暴虎爲民害，常設檻阱。均到任悉去之，虎乃携子渡河遠去。

【校】

〔一〕『聞』，原作『開』，形近而誤，徑改。

傅毅學富　陸機才多

傅毅，茂陵人。博學能文，以明帝求賢不篤，士多隱處，毅作《七激》以諷之。章帝授蘭臺令史，與班固、賈逵共典校書，文雅顯于朝廷。

陸機文章華贍，張茂先稱之曰：『人患才少，子患才多。』

曹瞞橫槊　劉琨枕戈

曹孟德精于四言，每行軍，嘗橫槊賦詩，寄其豪邁。如『月朗星稀，烏鵲南飛』，皆其佳句也。

劉琨與祖逖齊名，常與親舊書曰：『吾枕戈待旦，志梟逆虜，常恐祖生先吾著鞭。』

安仁擲果　幼輿投梭

潘岳，字安仁。美姿容，少時挾琴彈出洛陽道，婦人皆投之以果，滿車而歸。長爲河陽令，滿縣栽桃李，人稱花滿河陽。

謝鯤，字幼輿。通簡有高識，不脩威儀，好《老》《易》，能歌，善鼓琴。隣有高氏女美，鯤挑之，女飛梭折其兩齒，時語曰：『任達不已，幼輿折齒。』鯤傲然曰：『猶不廢我嘯歌。』

率更駐馬　逸少換鵝

歐陽率更行見古碑，是索靖所書，駐馬觀之，良久而去。數百步復還下馬，竚立倦則布毯坐觀。三日乃去。

山陰道士養好鵝，右軍往觀，因求市之。道士云：『爲我寫《黄庭經》，當舉鵝相贈。』右軍欣然寫畢，籠鵝以歸。

寇萊植竹　全義笑禾

寇萊公卒，歸葬西京，道出荆南公安縣，人皆祭哭于路，折竹插地以掛紙錢。踰月視之，竹皆生笋，人號萊公竹。

張全義爲河南尹，見田疇美者即下馬欣賞，召田主勞以酒食。故民間言：『張公不喜聲伎，但見佳禾則笑耳。』

滿牀堆笏　盈里鳴珂

郭子儀進封汾陽王，八子、七壻、諸孫十餘人皆同朝貴顯。每朝罷至家，脱卸朝衣，人謂其滿床牙笏。

張嘉貞開元間拜中書令，弟嘉祐任金吾衛將軍〔一〕，每入朝，軒蓋騶從盈閭巷，時號所居坊曰鳴珂里。

【校】

〔一〕『任』，原作『住』，形近而誤，徑改。

橘叟幻草　王質爛柯

巴邛人剖橘〔一〕，内有二叟奕棋。一叟曰：『橘中之樂不減商山。』一叟出袖中一草，食其根，曰：『此龍根脯也。』食訖，以水噴其草，化爲龍，二叟騎之而去。

衢州王質入山伐木，至石室中，見二童子奕棋，質置斧而觀。童子以一物如棗與質食之，便不飢。局終散去，質取斧，柯已爛盡矣。歸家已數十年，子孫都不能識。

【校】

〔一〕『邛』，原作『卬』，據《太平廣記》卷四十《巴邛人》改。

六麻

雄口吐鳳　白筆生花

揚雄夢口吐白鳳，乃作《太玄經》、《法言》諸書〔一〕。

李白少時夢筆頭生花，後天才贍逸，名聞天下。

【校】

〔一〕『法言』，原作『法語』，徑改。

李充四部　惠施五車

晉李充爲著作郎，時典籍混亂，充以類相從，分爲四部。

莊子《南華經·天下篇》曰：『惠施多方，其書五車。其道舛駁，其言也不中。』

伏波勒柱　博望乘槎

馬援拜伏波將軍，征蠻，因立銅柱爲漢之極界。

張騫奉使西域，因窮河源，留十餘歲。騫見浮槎，乘之至天河，見織女，得支機石而歸。後封博望侯。

順昌射斛　越石吹笳

劉錡號順昌旗幟。少從父征討，中門水斛滿，以箭射之，拔箭水注，隨以一矢窒之。人服其精巧。

劉琨號越石，避亂塢壁，賈胡百數欲害琨，毫無懼色，援笳吹之，爲《出塞》《入塞》之曲，以動游子之思。于是群胡散去。

左思十稔　庭筠八叉

左思作《三都賦》，搆思十稔，門庭籓溷皆著筆札，得一句輒書之。及成，皇甫謐作序，洛陽爲之紙貴。

温庭筠工賦，其入試作賦，八叉手而八韻成。人稱之『温八叉』。

張顥印鵲　樂廣弓蛇

張顥爲梁州牧，見一鵲飛遶于庭，墮地化爲圓石，搥破之，得一金印，文曰『忠孝侯印』。

樂廣爲河南尹，宴客，壁上有懸弓照于杯中，影如蛇，客驚，謂蛇入腹，遂病。後至其故處，知爲弓影，其病隨愈。

李衡植橘　邵平種瓜

李衡爲丹陽守，于龍陽州上種橘千樹。臨終敕其子曰：『吾有千頭木奴，不責汝衣食，歲上絹一疋，亦足用矣。』

邵平，故秦東陵侯。秦破，爲布衣，種瓜長安城東，瓜有五色，味甚甘美，世號東陵瓜。

王猛捫虱　句踐式蛙

王猛少貧，以鬻畚爲業。好讀兵書，氣度宏遠，隱于華山。桓温入關，披褐詣之，捫虱而談當世之務，旁若無人。温强之出，不就。後苻堅拜爲尚書左丞。

越王句踐受辱于吴，思以報復。一日出游，見怒蛙而式之。左右問故，王曰：『有氣如此，何敢不式？』戰士興起，皆助越伐吴。

七陽

周錢九府　漢法三章

唐、虞、夏、商之世幣金有三品，至周太公望乃立九府圜法，錢圓函方，輕重以銖，以通九府之用。

漢高帝入關，召父老謂曰：『父老苦秦苛法久矣。諸侯約先入關者王之，吾當王關中，與父老約法三章耳，殺人者死，傷人及盜抵罪，餘悉除去。』

紀信誑楚　仁傑反唐

楚圍滎陽急，漢將紀信曰：『事急矣，臣請誑楚。』乃乘王車出東門，曰：『食盡漢王降。』楚人皆之城東觀，漢王乃遁去。項王燒殺紀信。

狄仁傑勸武后迎還廬陵王。後王登極，反周爲唐，皆其力也。時人謂之『取日虞淵，不易爲力』。

庶女掣電　鄒衍降霜

《淮南子》曰：『庶女告天，雷電下掣。』

鄒衍盡忠事燕惠王，王信讒而係之獄〔一〕，仰天而哭，夏月爲之隕霜。

【校】

〔一〕『王』，原空缺，徑補。

陳平冠玉　鼂錯智囊

人譏陳平美如冠玉，其中未必有也。

鼂錯學申商刑名，以文學爲太常卿，謀誅七國，時人稱爲『智囊』。

馮驩焚券　汲黯開倉

馮驩爲孟嘗君取債于薛〔一〕，驩置酒召負者持券合之，能與息者與爲期，貧不能與息者取其券燒之。比反，孟嘗問：『收息幾何？』驩曰：『君家府庫充實，所乏者義耳。竊爲君市義而返也。』

漢汲黯爲武帝巡視東粤，時值歲饑，黯以便宜持節發倉粟賑貧民。比歸，納節自陳矯制之罪。帝賢而釋之。

【校】

〔一〕『取』，原作『敗』，形近而誤，徑改。

玄齡剔目　宋弘糟糠

房玄齡布衣時，病且死，令妻再嫁。其妻泣入帷中，剔一目以永信。玄齡疾愈，後至入相，禮之終身。

光武姊湖陽公主新寡，欲下嫁。帝語宋弘，弘曰：『貧賤之交不可忘，糟糠之妻不下堂。』帝顧主曰：『事不諧矣。』

青辭梁國　韜泣汾陽

有人言狄梁公爲狄青之祖，遺其神像，青緘而還之曰：『吾自有祖，豈敢冒認？』

郭崇韜認郭汾陽爲祖，過其墓門，慟哭哀號，人皆笑之。

五株楊柳　八百枯桑

陶靖節所居栗里柴桑門前有楊柳五株，遂號五柳先生，自爲作傳。

諸葛武侯有疾，自表後主曰：『臣成都有桑八百、薄田五十頃，子弟衣食自有餘饒，不別治生以長尺寸。若臣死之日，不使内有餘帛，外有贏財，以負陛下而已。』死後卒如其言。

埋兒郭巨　尋母壽昌

漢郭巨家貧，有子三歲，母嘗減食與之。巨謂妻曰：『貧乏不能供母，子又分母之食，盍埋之？』掘坑三尺，乃得黄金一釜，上書『天賜郭巨，官不得取，民不得奪』。

朱壽昌年七歲，生母劉氏爲嫡母所妬出嫁，母子不相見者五十年。神宗朝棄官入秦，與家人訣，不見母誓不還鄉。後行次同州得之，時母七十餘。

假鹿郯子〔一〕　**搤虎楊香**

周郯子性至孝，父母年老，俱患雙眼，思食鹿乳。郯子乃衣鹿皮入深山，混鹿群之中，取其乳以供親。

晉楊香年十四歲，隨父豐往田穫粟，父爲虎曳去，香手無寸鐵，踴躍向前搤持虎頭，虎亦靡然而逝，父得免死。

【校】

〔一〕『郯子』，原作『剡子』，按本書『郯』字均作『剡』，『郯』『剡』音義本别，後世多有誤用，今改正，不一一出校。

烟霞痼癖　泉石膏肓

唐田游巖頻召不出。高宗幸嵩山，親至其門。游巖野服出拜，儀止謹樸。帝問：『先生比佳否？』對曰：『臣所謂烟霞痼癖，泉石膏肓。』

孔林楷杖　禹穴梅梁

曲阜孔林有子貢手植楷，根本猶存，芟其嫩枝可以爲杖。

會稽禹廟有梅梁，雷雨之夜，其梁飛出，五鼓復還，視梁多帶藻荇。後爲梅太守易去。

八庚

趙勝謝躄　楚莊絶纓

平原君客有躄者，美人樓上見而大笑，躄者造門請斬笑者。平原君不忍，衆客以君愛色賤客，群然皆散。平原君乃斬美人，造躄者之門而謝之，客乃復至。

楚莊王夜與諸臣宴飲，燭滅，有客引美人衣。美人告王：『有人戲妾，已絶其纓。』王令群臣俱絶其纓，然後舉燭。後王與晉人戰，晉人圍王數重，一人當鋒，晉軍大敗。王問之，乃是夜絶纓者，捐生以報也。

繆賢伏斧　廉頗負荆

繆賢得罪趙王，欲亡走燕。藺相如止之曰：『趙强燕弱，勢必不敢留君，而束君歸趙矣。不如肉袒伏斧質，請罪于王，或可望赦。』賢從其言，卒得免死。

廉頗欲辱相如，相如引車避匿，舍人恥之，相如曰：『夫以秦王之威，吾猶庭叱之，豈畏廉將軍哉？顧吾念秦之不敢加兵于趙，以吾兩人在也。今兩虎共鬬，勢不俱生，吾所以避之者，先國家之急而後私仇也。』頗聞之，肉袒負荆，至門謝罪。

班超筆耨　賈逵舌耕

班超與母同至洛陽，家貧，常爲官傭書，以供養。久勞苦輟業，投筆嘆曰：『大丈夫無他志略，猶當效傅介子、張騫，立功異域，以取封侯，安能久事筆研間乎？』

漢賈逵通經術，門徒來學，不遠千里，獻粟盈倉。或云：『逵非力耕，乃舌耕也。』

仲山補衮　傅説調羹

《詩經·蒸民》之詩曰：『人亦有言，德輶如毛。民鮮克舉之，我儀圖之。維仲山甫舉之，愛莫助之。衮職有闕，維仲山甫補之。』

《書經·説命》曰：『王夢帝賚以良弼，乃審厥象，俾以形旁求于天下。説築傅巖之野惟肖，爰立作相，置諸其左右，命之曰：「朝夕納誨，以輔台德。若作酒醴，汝惟麴糵。若作和羹，爾惟鹽梅。」』

韓蘄鐵綆　淮陰木罌

兀朮軍江南，韓世忠以海艦進駐金山寺，預以鐵綆貫大鈎授驍勇者。明旦，敵舟譟而前，世忠分海舟爲兩道，出其背，每縋一綆則曳一舟沉之，兀朮窮蹙。

漢王使韓信擊魏，魏盛兵蒲阪，塞臨晉。信乃益爲疑兵，陳船欲渡臨晉，而伏兵從夏陽以木罌渡軍，襲安邑，遂虜魏王豹，定河東。

召賦雷版　收書電丁

李賀一日忽見緋衣人，駕赤虬，持一版，上作雷篆書，云：『上帝成白玉樓，召君作記。』賀告以母老且病，不願去。緋衣人曰：『天上殊樂，不苦也。』賀泣下沾襟，遂卒。

唐台州道士王遠知善《易》，作《易總》十五卷。一日雷雨雲霧中一老人叱曰：『所泄書何在？帝令六丁雷電攝取之。』遠知忙出其書付之，即去。

九青

孫康映雪　車胤囊螢

晉孫康性嗜學，家貧無油，冬夜嘗映雪讀書。少清介，交游不襍。後官至御史大夫。

晉車胤少時篤學不倦，家貧不能常得油，夏月以練囊盛數千螢火，夜以照讀。及長，大有聲譽。太元中領國子博士，遷吏部尚書。

東坡菊水　右軍蘭亭

蘇東坡記南陽有菊水，水甘而芳，民居三十餘家，溪中多枸杞，根如龍蛇，飲其水，故壽多至百二三十歲。

王右軍于永和癸丑蘭亭脩禊，與會者四十一人，不成詩者一十六人，罰依金谷酒數。

谷永筆札　顧愷丹青

前漢谷永字子雲，婁護字君卿，俱爲五侯上客〔一〕，長安號曰『谷永筆札，君卿喉舌』。

晉顧愷之，字長康。人稱三絶：才絶、字絶、畫絶。

【校】

〔一〕『五侯』，原作『王侯』，據《漢書》卷九十二《游俠傳》改。

杜林漆書　魯恭壁經

杜林于西州得漆書《古文尚書》一卷〔一〕，衛宏、徐巡來學，林授二子，後遂得傳。魯恭王壞孔子故宅，欲以爲宫。聞壁中琴瑟絲竹之聲，得四書五經，武帝乃詔孔安國校定其書。

【校】

〔一〕『西州』，原作『西川』，據《後漢書》卷五十七《杜林傳》改。

金馬仙吏　嚴灘客星

東方朔善詼諧滑稽，上書武帝，高自稱譽。帝偉之，令待詔公車。旋遷金馬門，常侍中。帝降西王母，朔窺之。母曰：『此窺牖小兒，三偷吾桃矣。』世方知朔爲神仙中人。

嚴光與光武同學。光武貴，光隱身不見。帝訪之。後齊國奏有男子披羊裘釣澤中，帝疑是光，安車迎之。詔入内敘舊，夜與共卧，以足加帝腹。明日太史奏客星犯帝座甚急，帝笑曰：

『朕與故人子陵共卧耳。』

温姑玉鏡　岳女銀絣

温嶠姑有女，屬嶠覓壻。嶠自有婚意，曰：『但得如嶠比，何如？』姑曰：『何敢希汝比也。』一日覆姑曰：『已得壻矣。』乃下玉鏡臺爲聘。婚畢，姑女被紗扇笑曰：『我固疑是老奴。』

秦檜殺岳飛于大理獄，飛女抱銀絣投井中。今其故宅改作臬司，明廉訪梁大用造亭覆之，榜曰『孝娥井』。

十蒸

孟宗泣竹　王祥卧冰

晉孟宗孝。母冬月有疾，思笋煮羹。宗無計可得，乃往竹林中抱竹而泣，孝感天地，須臾地裂出笋數莖，持歸作羹，奉母食畢，疾愈。

晉王祥幼喪母，繼母不慈，父前屢譖之，由是失愛于父母。嘗欲食鯉魚〔一〕，時天寒冰凍，祥解衣卧冰求之，冰忽自解，雙鯉躍出，持歸供母。

【校】

〔一〕『鯉魚』，原作『解魚』，據下文改。

巧匠斲鼻　良醫折肱

郢人堊漫其鼻端若蠅翼，使匠石斲之。匠石運斤成風，盡其堊而鼻不傷。

《左傳·定公十三年》：荀躒、韓不信、魏曼多奉公以伐范氏、中行氏，弗克。二子將伐公，齊高彊曰：『三折肱知爲良醫，唯伐君爲不可，民弗與也。』弗聽，遂伐公。國人助公，二子敗，奔朝歌。

甯成乳虎　郅都蒼鷹

甯成爲漢中尉，性嚴酷，時人語之曰：『寧見乳虎，無犯甯成之怒。』

前漢郅都以清忠爲政，好直諫，常面折大臣于朝，時人目爲蒼鷹。

孔林白兔　虞墓青蠅

孔子卒，戒門人作虛墓十間。及始皇發墓，至十間，有白兔走出，逐之，過曲阜十八里，没，掘之不得，因名白兔溝。

虞翻放棄海南，自恨疏節，骨體不媚，犯上獲罪，當長没海隅，生無可與語，死以青蠅爲弔客，一人知己者，足以不恨。

雱辨獐鹿　羽別淄澠

王雱數歲時，客有以一獐一鹿同樊以獻，問雱：『何者是獐，何者是鹿？』雱實不識，對曰：『獐邊的是鹿，鹿邊的是獐。』客嘆其明敏。

陸羽精于茶理，啜茶即知是何地之水。有以淄、澠二水試之者，羽爲辨别，涓滴不能少溷。

堯夫烟帳，祖塋篝燈

范純仁，字堯夫。幼好讀書，置燈帳中，夜分不寐。後貴顯，夫人收其帳，頂如墨色，持示諸子曰：『此汝父少時攻苦，帳中燈烟跡也。』

祖塋年八歲，力學成疾。父母禁其夜讀，塋乃密藏火，待父母就寢之後，燃燈以衣被蒙窓，不使人見也。内外呼爲聖小兒。

十一尤

伏羲八卦　洪範九疇

伏羲時有龍馬負圖出于河，帝仰觀象于天，俯觀法于地，中觀萬物之情，始畫八卦，因而重之爲六十四卦，以通神明之德，而卜筮自此始焉。

大禹治水，神龜負書出洛，禹因别爲九疇。箕子推衍增益，以成其篇。

温公破甕　彦博出毬

司馬温公幼與群兒戲，一兒誤墮大水缸中，水没其頂。群兒驚走，公取石破缸，兒遂得出。文彦博幼時與群兒擊毬，毬入柱穴中，不能取。公以水灌之，毬得浮出。

泰初日月　季野春秋

魏夏侯玄，字泰初，時人云：『朗朗如日月入懷。』

晉褚裒字季野，桓彝目之曰：『季野有皮裏春秋。』謝東山重之，嘗云：『裒雖不言，而四時之氣皆備。』

謝舞鴝鵒〔一〕　蘇辯鳲鳩

晉謝尚，王導辟爲吏〔二〕。始到府，會飲，有客請曰：『聞君能作鴝鵒舞。』尚便著短裳而舞，座客撫掌擊節。

王安石作《字説》，問坡公『鳩』字九鳥何解，坡公戲曰：『《毛詩》云「鳲鳩在桑，其子七兮」，連爹和娘，不是九箇？』

【校】

〔一〕『鵃鴿』，原作『鵃鴿』，據《晉書》卷七十九《謝尚傳》改。下同。

〔二〕『王導』，原作『王戎』，據《晉書》卷七十九《謝尚傳》改。

陳登百尺　韓洎五樓

漢陳登，字元龍。許汜嘗與劉玄德共論人物。汜言：『陳元龍湖海之士，豪氣不除。昔過叩見，元龍無主客禮，自卧床上，卧客床下。』玄德曰：『君有國士名，而求田問舍，言無可采，是元龍所諱也。如我自當卧百尺樓上，卧君于地下，何但上下床之間哉？』

韓浦與弟洎皆有文名。洎嘗曰：『予兄文如繩樞草舍〔一〕，予文是造五鳳樓手。』浦以蜀箋四十樣寄弟曰：『助爾添脩五鳳樓。』

【校】

〔一〕『文』，原作『之』，形近而誤，徑改。

匡廬白鹿　函谷青牛

廬山有二勝：開先漱玉亭〔一〕、栖賢三峽橋，内有白鹿洞，爲朱晦翁讀書處。今另設學校以教育人才。

老子騎青牛過函谷關，以《道德經》五千言傳與關尹。

【校】

〔一〕『開先』，原作『開元』，廬山有開元地，寺有漱玉亭，今改正。

蕭宏標榜　王戎散籌

梁武帝弟蕭宏性愛錢，百萬一聚，黄榜標之，千萬一庫，挂一紫標，如此十餘間，計錢三億餘萬。蕭綜作《錢愚論》譏之。

王戎既貴且富，區宅、僮牧、膏田、水碓之屬洛下無比，契疏鞅掌，每與夫人燈下散籌布算。

景升豚犬　石虎海鷗

曹操進軍濡須口，號四十萬。孫權率衆七萬禦之。相守月餘，操見其舟楫器仗，軍伍整齊，歎曰：『生子當如孫仲謀。如劉景升兒子，豚犬耳。』操撤軍還。

佛圖澄依石勒、石虎，號大和尚，以麻油塗掌而見吉凶數百里外，聽浮屠鈴聲逆知禍福。虎即位，師事之。林公曰：『澄以石虎爲海鷗鳥。』

滌皿山谷　嘗糞黔婁

黄庭堅元祐中爲太史，身雖貴顯〔一〕，奉母至孝。每夕親自爲母滌溺皿，不以爲穢。

南齊庾黔婁爲孱陵令，到縣未旬日，聞父病即棄官歸。醫曰：『欲知瘥劇，須嘗糞甜苦。』黔婁嘗之甜，心甚憂之，至夕必稽首北辰，求以身代。父病得痊。

【校】

〔一〕『身』，原作『卦』，徑改。

漢武金屋　隋煬玉鉤

漢武帝幼時，景帝問：『兒欲得婦否？』長公主指其女曰：『阿嬌好否？』武帝曰：『若得阿嬌，當以金屋貯之。』

玉鉤斜在吴公臺下，隋煬帝葬宫人處也。唐竇鞏詩曰：『離宫路遠北原斜，生死恩深不到家〔一〕。雲雨今歸何處去，黄鸝飛上野棠花。』

【校】

〔一〕『生死』，原作『虫死』，徑改。

淮陰背水　鉅鹿沉舟

韓信以背水陣勝趙軍，諸將問曰：『兵法右倍山陵，前左水澤，今反背水，何也？』信曰：『兵法不曰「陷之死地而後生，置之亡地而後存」乎？予驅市人使戰，予之生地則皆走矣，尚得而用之乎？』諸將皆服。

項羽鉅鹿之戰，悉引兵渡河，皆沉舟破釜甑，燒廬舍，持三日糧〔一〕，以示士卒必死。于是出戰，大敗秦兵。

【校】

〔一〕『持』，原作『符』，據《史記》卷七《項羽本紀》改。

十二侵

薛收三鳳　華陀五禽

薛收與從兄元敬、族兄德音齊名，世稱『河東三鳳』。

華陀嘗曰：『吾有神術，名曰五禽之戲：一曰虎，二曰鹿，三曰熊，四曰猿，五曰鳥。能除疾去病，體有不快，起作一禽之戲，汗出即愈。』

懷橘陸績　嚙指曾參

後漢陸績年六歲，之九江見袁術，術出橘啖之，績懷橘二枚，術曰：『陸郎作客，而懷橘乎？』績跪答曰：『吾母所愛，欲歸以遺母耳。』術大奇之。

魯參事母至孝。嘗採薪山中，家有客至，望參不還，母乃嚙其指。參忽心痛，負薪急歸，跪問其故，母曰：『有客至，吾嚙指以悟汝爾。』

子路負米　蔡順分椹

子路家貧，嘗食藜藿之食，爲親負米于百里之外。親没，南游于楚，從車百乘，積粟萬鍾，累裀而坐，列鼎而食，乃嘆曰：『雖欲食藜藿，爲親負米，其可得乎？』

漢蔡順少孤，事母至孝。遭王莽亂，歲荒不給，拾桑椹以異器盛之。赤眉賊見而問之，順曰：『黑者奉母，赤者自食。』賊憫其孝，以米三斗、牛蹄一隻贈之。

郝廉留錢　雷義還金

漢郝廉一介不取，過妹家欵待，留錢席下而去。每行飲水，常投一錢于井中。

雷義爲郡守，常出人死罪。罪人以金三斤謝之，不受，乃擲金于屋上而去。後理屋乃得之，送還，金主已死，還其子嗣。

老聃問禮　師襄學琴

孔子問禮于老子，老子曰：『吾聞之良賈深藏若虚，君子盛德，容貌若愚。去子之驕氣與多欲，態色與淫志，是皆無益于子之身。吾所以告子，若是而已。』

孔子學琴于師襄，既習其曲，又習其數，又得其爲人，黮然而黑，頎然而長，眼如望洋，心如欲王四國，非文王，其誰能爲此也？師襄辟席再拜，曰：『師蓋云《文王操》也。』

王蒙水厄　劉峻書淫

王蒙嗜茶，賓至輒煮茗飲之，勸酬不已。士大夫皆患焉，每欲往候，必曰：『今日有水厄。』

劉峻家貧好學，常燎麻炬，從夕達曉，時或昏睡，爇其鬚髮。及覺，復讀。常恐所見不博，聞有異書，必往祈借。崔慰謂之『書淫』。

十三覃

神農嘗藥　西陵教蠶

民有疾病，未知藥石。神農氏徧嘗百草，一日而遇七十二毒，神而化之，乃作《本草》，以著寒温平熱之性，使民知毉。

軒轅黃帝命元妃西陵氏教民育蠶治絲，以供衣服，繇是民無皴瘃，後世祀爲先蠶。

堯夫贈麥　孔子脱驂

范堯夫載麥五百斛至姑蘇，舟次丹陽，見石曼卿窮困，以麥舟贈之。見文正公曰：『丹陽見故人石曼卿，三喪未舉，二女未嫁，以麥分與之，猶未敷。』曰：『何不連舟與之？』曰：『與之矣。』公曰：『善。』

孔子遇舊館人之喪，入而哭之哀，出，使子貢脱驂而賻之。子貢曰：『毋乃已重乎？』子曰：『予鄉哭之而出涕，予惡夫涕之無從也。小子行之。』

逢萌挂冠　胡昭投簪

漢逢萌往長安，聞王莽殺其子宇，萌歎曰：『三綱絶矣，不去，禍將及身，即挂冠東都門而去。』

魏胡昭高尚不仕，太祖加禮聘之。昭往應命，自陳不堪任用。放歸陸渾山，躬耕樂道。摯虞贊曰：『投簪卷帶，韞聲匿跡。』

殷師牛鬬　宋宗雞談

晉殷仲堪父師爲陳郡太守，常患耳聰，聞牀下蟻動，謂是牛鬬。

宋處宗買一雞，忽作人語，與處宗談論終日不輟。處宗因此學業大進。

十四鹽

王曾正笏　韓琦撤簾

沂公王曾性資端厚，正笏立朝，人不敢干以私，進退壬人，莫有知者。范仲淹嘗謂曰：『明揚士類，宰相任也。公之盛德獨少此耳。』曾曰：『夫執政而欲使恩歸于己，怨將誰歸？』仲淹服其言。

韓琦欲太后還政，乃取十餘事稟帝，裁决悉當。琦覆奏，即白后求去。后曰：『相公勿去，我當歸宫。』太后遽起，琦即厲聲命鸞儀司撤簾，簾既落，猶於御屏後見太后衣也。

禰衡胥靡　季布髡鉗

禰衡既爲鼓吏，不肯易衣，吏呵之曰：『鼓吏何獨不易服？』衡于魏武前先脱褌，裸身而立，徐徐乃著岑牟，次著單絞，後乃著褌畢，復擊鼓摻槌而去。魏武曰：『本欲辱衡，衡反辱孤。』孔融在座曰：『禰衡罪同胥靡，不能發明王之夢。』魏武慚而赦之。

季布，楚人，爲項羽將，數窘漢高。羽滅，漢以千金購之。布乃髡鉗，自賣魯朱家。家知其布也，之洛陽見滕公，爲布解之，得釋。

十五咸

孫權馳馬　曹洪驚帆

孫權所製快船，名以馳馬，曹洪所畜駿馬名以驚帆，水陸變名，皆言其雄快也。

衛公紅拂　司馬青衫

李靖謁楊越公，一妓執紅拂侍側，目靖久之。靖歸逆邸中，夜半有紫衣戴帽人扣門，延入，脱衣去帽，乃美人也。靖驚問，告曰：『妾楊家紅拂妓也。絲蘿願託喬木。』遂與之俱適太原。

白居易左遷江州，秋夜于潯陽江滸聞舟中琵琶聲，問其人，乃長安娼妓，年老色衰，委身爲賈人婦。命再彈一曲，爲作《琵琶行》。元劇有《江州司馬青衫淚》。

陶菴對偶故事卷下

上聲

一董

呂相夾袋　梁公藥籠

宋呂蒙正喜薦舉賢才，四方人來謁見者，必問其鄉有何人物。客去即識其名，藏之夾袋。朝廷求賢，取諸袋中以對。

唐元行沖謂狄梁公曰：『下之事上，譬之富家貯積以待困也，脯腊膎胰以供滋膳，參苓芪朮以備藥材。願以小人聊充公用。』梁公笑曰：『君正吾藥籠中物，不可一日無也。』

夏侯衣簾　德操絮桶

夏侯亶性極吝嗇。晚年好音樂，有歌妓十餘人，無艶裝艷服。客至，嘗隔簾奏樂，時呼簾爲夏侯妓衣。

吕徽之安貧樂道，所居惟一間茅屋。友人冒雪訪之，值徽之不在，木桶中有人答應，乃徽之妻也。天寒無衣，坐敗絮桶中。

二腫

劉髀生肉　元乳流湩〔一〕

劉玄德在荆州數年，一日於劉表座起至厠，慨然流涕。表怪問之，玄德曰：『平常身不離鞍，髀肉皆消；今不復騎，髀裏肉生。日月如流，老將至矣，而功業不建，是以悲耳。』

元德秀，字紫芝。秉性篤摯，友愛兄弟。兄子早孤，不能得乳媪。紫芝自乳之，數日而湩流，至能食乃止。

【校】

〔一〕『湩』，原作『潼』，據《新唐書》卷一百九十四《元德秀傳》改。下同。

定遠玉門　明妃青冢

班超立功西域，封定遠侯。和帝朝以年老乞歸，久之不報。其妹曹大家復爲超上書：『臣不敢望到酒泉郡，但願生入玉門關耳。』

王昭君死，葬于沙漠。塞草皆黄，而明妃冢上草冬夏長青，故匈奴號爲青冢〔一〕

【校】

〔一〕『匈奴』，原作『句奴』，顯誤，徑改。

四紙

堯階屈軼，皋獄觟䚦

堯時有草生于庭，佞人入朝，此草則屈而指之，名曰屈軼。皋陶治獄，有觟䚦游于庭。其罪疑者令觸之，有罪則觸，無罪則不觸，以定獄辭。

黄石手眉　常樅舌齒

張良爲老人納履，老人曰：『孺子可教。』良曰：『願聞也。』老人曰：『兩眉致其美于人，而人卒不以眉爲功，眉無事也。孺子居功，其以眉乎？兩手致其傷于人，而人卒不以手爲怨，手無心也。孺子處怨，其以手乎？』張良憮然，爲問曰：『敬受教。』

常樅有疾，弟子曰：『先生疾甚，無遺教語弟子乎？』樅乃張其口曰：『舌存乎？』曰：『存。』『豈非以軟耶？齒存乎？』曰：『亡。』『豈非以剛耶？』樅曰：『天下事盡此矣。』

周公握髪　蔡邕倒屣

周公以成王冲幼，攝行王政。一沐三握髪，一飯三吐哺，以接天下之士，唯恐失之。

蔡邕好客，惟王粲晉謁，爲之倒屣迎焉，曰：『此王孫有異材，餘人所不及也。』

西伯鈇鉞　蕭何劍履

紂囚西伯于羑里。散宜生、閎夭求有莘氏美女及珍寶良馬，因嬖臣費仲而獻。紂乃釋西伯，賜鈇鉞、弓矢，以專征伐。

漢高帝詔定元功位次，皆首曹參。帝以蕭何有輓輸功，位第一，賜劍履，上殿入朝不趨。

博望葡萄　伏波薏苡

漢博望侯張騫，武帝時爲郎使西域。至大宛，得葡萄種，一名馬乳，一名黑水晶，國人以之釀酒，十年不敗。

馬援在交趾，以薏苡食能勝瘴氣，還，載一車反。援死，有上書譖之者，言前所載歸皆明珠、文犀。

秦始麋鹿　尚父倉兕

秦始皇欲大苑囿，優旃曰：『善。多縱禽獸于其中，寇從東方來，以麋鹿觸之足矣。』姜尚父爲周司馬，將師伐紂，到盟津，仗鉞把旌，號其衆曰『倉兕』。倉兕者，水中之獸也，善覆人舟，因神以化，令汝急渡，若不急渡，倉兕害汝。

廣漢缿筩，武曌銅匭

漢趙廣漢爲潁川守，恨朋比爲奸，乃許相訐。或匿名相告者，置缿筩，令投書于其中。武則天鑄銅爲匭，一室四隅，上各有竅，可入不可出，以開告密之門。

蒙恬制筆　蔡倫造紙

《博物志》：蒙恬爲秦將，制筆由此始。後漢宦者蔡倫以古契書多編以竹簡，倫乃造意，用樹膚、麻頭、竹衣、芻草之屬，制以爲紙。奏上，帝善其制，頒行天下。

紀瞻遣妾　王敦出婢

周顗與朝士至尚書紀瞻家觀妓舞，瞻有愛妾，能作新聲。顗意欲之，囑有司奏紀瞻荒于色，上令之出妓。

王敦荒恣于色，體爲之敝。左右諫之，敦曰：『吾殊不覺，如此甚易。』乃開後閤，驅諸婢妾數十人出路，任其所之。

毛寶放龜　孫期牧豕

毛寶見一白龜，買放之江中。後與石虎戰，敗投江，一物負而至岸，視之，乃昔所放白龜也。

孫期習《京氏易》、《古文尚書》。家酷貧，牧豕澤中養母，從學者皆執經壟畔。黄巾賊起，戒不犯期舍。郡舉方正，賫羊酒詣期，期驅豕入草澤中不顧。

太宗吞蝗　宋郊渡螘

貞觀中，京畿旱蝗。唐太宗掇蝗引咎曰：『過在予耳，人以食爲命，食我禾稻，寧食我肺肝！』遂吞之。是歲蝗不爲災。

宋郊一日齋居，值洪水漂蟻藪，郊編竹爲橋渡之。踰數日，相士見郊，大驚曰：『公相頓改，似活數百萬生命。』郊道渡蟻事。曰：『足以當之矣。小宋當魁天下，大宋亦不失科名。』兄弟果皆狀元。

五尾

秦始海神　阮侃厠鬼

秦始皇海中造橋，海神爲之竪柱。始皇求與相見，神曰：『我醜，莫圖我形。』有畫工潛畫其狀，神怒曰：『帝負約，速走。』始皇轉馬，甫登岸，沙土隨崩，畫工溺死。

阮侃嘗于厠中見鬼，長丈餘，色黑而眼大，著皂單衣、平上幘，去之咫尺。侃徐視，笑語之曰：『人言鬼可憎，果然。』鬼慚而退。

更始羊頭　趙王狗尾

更始納趙萌女爲后，委政于萌，群小膳夫濫受爵禄。長安人語曰：『竈下養，中郎將。爛羊胃，騎都尉。爛羊頭，關内侯。』

晉趙王倫簒位，同謀者奴隸厮役亦加爵位，每會，貂蟬盈座[一]。時人語曰：『貂不足，狗尾續。』

【校】

〔一〕『貂蟬』，原作『貂燀』，據《晉書》卷五十九《趙王倫傳》改。

六語

温嶠絶裾　曾母投杼

温嶠除散騎侍郎，其母固止之，嶠絶裾而行。至聞母亡，乃請北歸，詔不許。嶠仍受命，人譏其不孝。

魯有與曾子同名者殺人。曾母方在機織布，有報魯母者曰：『曾參殺人。』母曰：『吾子不殺人。』織如故。報者三至，其母投杼下機，踰牆而走。

張翰蓴鱸　陸羽桑苧

張翰仕齊王冏爲東曹掾，見司馬氏骨肉相殘，知亂將作，因秋風起，思吳中蓴菜羹、鱸魚膾〔一〕，歎曰：『人生貴適志耳，需富貴何爲？』命駕歸去。

陸羽隱居苕溪，自稱桑苧翁，杜門著書。或獨行野中，誦詩擊木，徘徊不得意，或慟哭而歸。嗜茶，著《茶經》三卷。

【校】

〔一〕『膾』，原作『鱠』，據《晉書》卷九十二《張翰傳》改。

陳雷膠漆　范張雞黍

後漢雷義與陳重爲友，情如兄弟。時人語曰：『膠漆雖堅，不如雷與陳。』二人並爲郡守。范式，字巨卿。游太學，與張元伯爲友。告歸，約三年後造宅相訪。元伯至期，殺雞爲黍以俟。母曰：『三年之别，地隔千里，焉能踐期？』元伯曰：『巨卿，信士也。』是日果至。

蘇頲花帽　沂公蓮炬

長安春時盛于遊賞，園林樹木無間地，學士蘇頲應制賦詩，帝嘉賞，遂以御花插頲之帽上。王沂公曾在翰林時，被召入内，侍座賜酒，令宫嬪各取領巾、裙帶，或團扇、手帖求詩，公悉應之。上曰：『豈可虚辱，須與學士潤筆。』遂各取頭上花朵簪公襆頭。上命輟金蓮燭，令内侍扶掖歸院。

季布一諾　阮瞻三語

漢季布，楚將，數窘高祖。及即位，求之急，隱朱家爲奴。後因赦之，爲郎，甚見信重。諺曰：『得黄金百斤，不如季布一諾。』

晉阮瞻見王戎，戎問曰：『聖人貴名教，老莊明自然，其旨同異？』瞻曰：『將無同。』戎善其對，辟爲掾。時人謂之三語掾。

張收瘈犬　公房穢鼠

《左傳》云：『國狗之瘈，無不噬也。』注云：『瘈，狂犬也。今云猘犬。』《宋書》：張收爲瘈犬所傷，食蝦蟇而愈。

唐公房拔宅上昇，雞犬皆仙，惟鼠不浄，不得去。鼠自悔，一日三吐其腸，欲自潔也。

【校】

〔一〕《宋書·張卲傳》云『（張暢）弟（張）枚』，《張暢傳》云『（張暢）弟（張）牧』。

七麌

沛公鵓鴿　上皇鸚鵡

漢高祖廟臨城鵓鴿井旁。記云：沛公避難井中，有鵓鴿集井上，追者不疑，得脱。

唐明皇時嶺南進白鸚鵡，聰慧能人言，上呼爲雪衣娘。上每與諸王及貴妃博戲，稍不勝，左右呼『雪衣娘』，即飛入局中，亂其行列。

吕安題鳳　馬援畫虎

吕安與嵇康友善。後安詣康，值康不在，嵇喜迎入，不入，題『鳳』字而去。喜以告康，康曰：『鳳字，凡鳥也。』

馬援誡子曰：『龍伯高敦厚周慎，吾願汝曹效之，所謂刻鵠不成尚類鶩也。杜季良豪俠好義，吾不願汝曹效之，所謂畫虎不成反類狗也。』

淵明停雲　杜甫舊雨

陶元亮詩序：『《停雲》，思親友也。』故稱知交，謂之停雲。

杜少陵云：『卧病長安旅次，多雨。尋常車馬之客，舊雨來，新雨不來。』

周嵩狼抗　梁冀跋扈

周嵩與兄顗並貴，母自謂無憂。嵩曰：『伯仁志大才短，名重識暗，非自全之道。嵩性狼抗，亦不容于世。』

後漢梁冀，質帝時恃寵驕横，朝臣目曰『跋扈將軍』。

老嫗寧馨　侍婢阿堵

王衍方總角，山濤見而奇之曰：『何物老嫗，生此寧馨兒？然誤天下蒼生者，未必非此人也。』妻郭氏性貪鄙，衍疾之，口不言錢。妻令侍婢以錢遶床。衍晨起，呼婢曰：『舉去阿堵物。』

郗超髯參　王珣短簿

晉郗超、王珣並有奇才，爲桓温所舉。超爲參軍，多鬚，珣爲主簿，形狀短小，人語曰：『髯參軍，短主簿。能令公喜，能令公怒。』

孫敬懸梁　蘇秦刺股

楚孫敬好學苦讀，倦則以繩繫頸，懸之梁上，垂頭即醒。後仕至大夫。

蘇秦裘敝金盡，憔悴歸洛，乃發憤讀書，欲睡則引錐刺股。三年揣摩成，遂往説趙，佩六國相印。

王璵楮鏹　淮南豆腐

漢制葬者有昏寓錢，謂昏晚埋葬于壙中，爲死者之用。唐玄宗時王璵制爲紙錢代之，後人名之楮鏹。

漢淮南王以豆作腐，至今民間無日不用。以其制在孔子之後，故孔廟祭品獨不用之。

十一軫

鮑叔分金　魯肅指囷

管仲曰：『吾困時，嘗與鮑叔賈，分財利，吾多自與，鮑叔不以吾爲貪，知我貧也。』

魯肅以散財賑窮，結交俊傑。周瑜過肅，并告資糧。肅家有兩囷米，各三千斛，指一囷與瑜，瑜驚異之，遂相與親結。

歐公朱衣　宗敏玉筍

歐陽公知貢舉，考試閲卷，常覺一朱衣人在座後點頭，然後文章入格。故有句云：『文章自古無憑據，惟願朱衣暗點頭。』

唐李宗敏知貢舉，所取多知名士，世謂之『玉筍班』。

十三阮

汾陽築墻　蕭何請苑

郭汾陽治第，謂工人好築墻，勿令不固。築者委鍤對曰：『數十年來京城達官牆皆某所築，今某死某敗某絶，人自改换，墻固無恙。』公聞言，即日請老。

蕭何爲民請上苑空地，令民入田。上大怒曰：『相國多受賈人財物，爲請吾苑。』乃下何獄。

伯牙鼓琴　濬仲撥阮

伯牙鼓琴，鍾子期聽之。伯牙志在高山，鍾曰：『善哉，峻若嵩嶽！』伯牙志在流水，鍾曰：

『善哉，瀉若江河！』子期死，伯牙破琴絶絃，終身不復鼓琴。

阮咸，字濬仲。武后時，有人破古塚，得銅器似琵琶，身正圓，人莫能辨。元行冲曰：『此阮咸所作也〔一〕。』命匠人倣其式，以木爲之，樂家遂名曰阮。

【校】

〔一〕『此』，原作『死』，據《新唐書》卷一百二十五《元澹傳》改。

十五潸

大龜負碑　青鳥傳簡

歐陽脩作《瀧江阡表碑》，僱舟載回。至鄱陽湖，有數人來舟曰：『聞公之文章蓋世，水府願借一觀。』齎碑入水，遂不見焉。脩命泰和令黄庭堅爲文檄之，空中語曰：『已押驪龍送至瀧上矣。』〔一〕脩至家掃墓，見水洼中雲霧濛蔽，有大龜負碑而出，倏忽不見。

漢武好神仙。一日西王母遣青鳥使傳書，告帝某日當至，乃供帳九華殿以待之。七月七夕王母乘紫云車而來，頭上帶七種青氣，鬱鬱如雲。袖中出毛桃，與帝共食之。

【校】

〔一〕『瀧上』，原作『隴土』，據上下文意改。

盧杞藍面　阮籍青眼

盧杞號藍面鬼，嘗造汾陽家問病，公聞杞至，悉屏姬侍，獨憑几待之。家人問故，曰：『杞外陋内險，姬侍見之必笑。使後得權，吾族無噍類矣。』

阮籍能爲青白眼，見禮法之士以白眼待之。母終，嵇喜來弔，籍作白眼。喜弟康乃挾琴齎酒造焉，籍大悦，乃見青眼。

十六銑

客詐雞鳴　相問牛喘

孟嘗君以狐白裘獻昭王幸姬，得釋。夜馳至函谷關，昭王遣人追之。關法雞不鳴不得出關，客有能作雞鳴者，而他雞盡鳴，孟嘗遂出。

漢丙吉爲相，嘗出，逢群鬬死傷不問。逢牛喘，使問，逐牛行幾里。或訊失問，吉曰：『民鬬，有司之事。當春牛喘，陰陽失調，此三公職也。』

婕妤當熊　班姬辭輦

馮婕妤從帝幸虎圈鬬獸，熊逸出闌，攀檻欲上殿。婕妤恐熊至御座，直前以身當之，帝歎其忠。

班姬事成帝，遊後庭，欲與同輦。姬辭曰：『禮忌並尊，豈敢同輦？』帝善之，乃止。

賈琮褰帷　郭賀露冕

後漢賈琮爲冀州刺史，車駕垂帷。琮曰：『刺史當遠視廣聽，糾察善惡，何可反垂帷裳，以自掩乎？』乃命御者褰之。百姓聞風震悚。

郭賀爲荊州刺史，爲官卓異。上賜以三公之服。賀車行部，去襜幃〔一〕，令百姓見其冕服，以彰君賜。

【校】

〔一〕『襜幃』，原作『檐幃』，據《後漢書》卷二十六《郭賀傳》改。

程邈隸書　史籀大篆

秦程邈爲獄吏，從獄中改篆爲隸，奏之。始皇使定書法。

周史籀始書《大篆》十五篇，世謂之籀書。

十八巧

越王鳥喙　麻姑鳥爪

范蠡滅吴，遂乘輕舟浮海出齊，自號鴟夷子皮。遺文種書曰：『越王長頸鳥喙，可與同患難，不可與共安樂，子奚不去？』

麻姑手似鳥爪，蔡經心中念言：『背痒時得此爪以爬背，乃佳也。』王方平已知其心中念言，即使人牽經鞭之。

穆宗括香　明皇乞巧

唐穆宗每宫中花開，則以重頂帳蒙被欄楯，置惜春御史掌之，號曰括香。

唐明皇以七夕牛女相會，命作高臺，陳瓜果于上，宫人暗中以七孔針引綵線穿之，以乞天巧。穿過者以爲得巧。

二十哿

孟嘗還珠　劉昆滅火

孟嘗爲合浦太守，郡中向産美珠，因先任郡守貪穢，珠徙交趾。及孟嘗爲官〔一〕，去珠復還，民仍富庶。

劉昆爲江陵令，民有火災，昆乃向火叩頭，天遂反風滅火。

【校】

〔一〕『官』，原作『宮』，顯誤，據上下文意改。

姜肱共被　孔融讓果

後漢姜肱孝友著聞，兄弟數人，共被而寢。

孔融年四歲，與諸兄食梨，取其小者。諸兄問之，答曰：『我小兒，法當取小。』宗族奇之。

端康相代　亮陟隔坐

韋端爲涼州刺史〔一〕，後徵爲太僕，其子康代爲涼州刺史，莅任，時父子自相交代。

吴紀亮爲尚書令〔二〕，其子陟爲中書令。景帝時父子每當朝宴，以屏風隔其坐。

【校】

〔一〕『涼州』，原作『荆州』，據《三國志》卷十《荀彧傳》裴松之注引《三輔決録》改。下同。

〔二〕『紀』，原脱，據《三國志》卷四十八《孫皓傳》裴松之注引《吴録》補。

湘東目眇　師德足跛

湘東王眇一目，起兵討侯景，王偉爲作檄曰：『項羽重瞳，尚有烏江之敗；湘東一目，寧爲赤縣所歸?』後以此伏誅。

袁客師渡江,見舟中人鼻下皆有黑氣,不欲渡。俄有一跛足男子負直就舟,客師曰:『此貴人也,可以濟矣。』男子乃婁師德也。

二十一 馬

蒼舒秤象　管仲師馬

蒼舒,魏武少子。時方九歲,外域獻象,魏武欲知其斤數,問群臣,莫能對。舒曰:『置象船上,刻至水處,以物填之,即知斤數。』

管仲隨桓公北征孤竹,迷失道路。管仲曰:『老馬識塗,其智可用。』于是隨馬得歸。

烏曹爲磚　昆吾作瓦

古史云:虞時烏曹氏作磚,昆吾氏作瓦。至夏禹時,始改茅茨,造爲宫室。

海上鳧毛　茅下龍鮓

晉惠帝時,有人得一鳥,毛長三丈。問張華,華曰:『此海鳧毛也,出則天下亂。』

有人于園内茅積下得一魚,質狀異常,作鮓甚美。遺張華,華曰:『此龍肉也。』以苦酒沃之，有五色光燄。

隱之投筯　王脩輟社

晉吴隱之事母孝，居喪哀毁過禮。與韓康伯爲隣，康伯母聞其哭聲，止食投筯，謂康伯曰：『汝若居銓選，當取此輩。』後康伯爲吏部，遂陞高秩。

魏王脩年七歲，以社日母死，來歲鄉里祭社，脩感母哀慟，鄉里爲之輟社。

二十二養

朱雲折檻　申屠斷鞅

前漢朱雲爲槐里令。時張禹以師傅恃貴驕横，朱雲請尚方劍斬佞臣一人，以勵其餘。帝怒其小臣訕上，令御史將雲下殿。雲攀折檻，曰：『臣得從龍逢、比干遊地下，足矣。』

後漢申屠剛爲大夫，光武欲出遊，剛叩頭曰：『今隴、蜀未平，不宜游逸。』以刀斷馬鞅，帝乃止。

叔寶羊車　王恭鶴氅

衛玠，字叔寶。丰神秀異，總角乘羊車入市，見者皆以爲玉人。

王恭温厚姿儀，嘗披鶴氅，涉雪而行。孟嘗見之，嘆曰：『此真神仙中人也。』

索靖銅駝　曲端鐵象

晉索靖知天下將亂，指洛陽宫門銅駝，歎曰：『會見汝在荆棘中耳。』

宋曲端下獄，自知必死，仰天長吁，指其所乘馬名鐵象，曰：『天不欲恢復中原耶！惜哉鐵象！』泣數行下。

和靖梅妻　米顛石丈

林逋結廬于西湖之小孤山，隱居二十年，未嘗足履城市。不娶無子，嘗言妻梅子鶴以自快云。

米元章知無爲軍，見州廨立石甚奇，命取袍笏拜之，呼曰石丈。言事者聞而論之，朝廷傳以爲笑。或問米曰：『誠有是否？』米徐應曰：『吾何嘗拜？揖之耳。』

二十三梗

王允千里　黄憲萬頃

後漢王允家貧好學，郭林宗見而奇之曰：『王生有千里王佐之才。』後任至司徒。

黄憲氣量温厚，郭林宗稱之曰：『如萬頃之陂〔一〕，澄之不清，淆之不濁。』

【校】

〔一〕『陂』，原作『波』，據《後漢紀》卷二十三《靈帝紀》改。

殷方祀竈　龐儉鑿井

後漢殷子方至孝。一日晨炊，見竈神，祀以黄牛，遂得巨富。女孫爲光烈皇后。

龐儉幼失其父，隨母流嶺右。鑿井得銅，遂富。買一老奴，乃其父也，遂爲夫婦如初。

文靖口匏　長孺骨鯁

李沆，謚文靖。性直諒，頗通内典，接賓客，寡言笑。時以謂『無口匏』。

汲黯，字長孺。性倨少禮，不容人過。景帝時爲太子洗馬，武帝時爲謁者，皆以嚴見憚，目爲骨鯁之臣。

蘇井植橘　董林栽杏

晉蘇躭種橘鑿井，以療人疾，時病疫者令食橘葉、飲井水即愈，世號『橘井』。

董奉每治人病，病愈令種杏一株，遂成林。奉後成仙上昇，名其地爲杏林。

二十五有

趙孟疵面　田駢天口

晉趙孟爲尚書令，善清談，面有疵點，時人曰『諸事不識問疵面』。

齊田駢好談論，時人號『天口』，言不可窮盡，其口如天。

張憑理窟　裴頠談藪

晉張憑舉孝廉，與同舉至劉恢家。恢清談有所不滿，憑于末座判之，衆皆折服，稱曰：『張憑談事，寔爲理窟。』

晉裴頠善談論，時謂頠爲『言談林藪』。

周瑜醇醪　吴祐杵臼

程普嘗以氣陵周瑜，瑜未嘗有愠色，承奉愈謹。普自慙，投分于瑜，曰：『與公瑾交，如飲醇醪，不覺自醉。』

公沙穆游太學〔一〕，無資粮，乃變服客傭，爲吴祐賃舂。祐與語，大驚，遂定交于杵臼之間。

【校】

〔一〕『公沙穆』，原作『公孫沙穆』，據《後漢書》卷六十四《吴祐傳》改。

韋妃加袍　買臣露綬

韋綬在翰林，德宗常幸其院，韋妃從幸。會綬方晝寢，時適大寒，帝以妃蜀錦纈袍覆之而去〔一〕。

朱買臣常從會稽守邸者寄居飲食。及拜太守，衣故衣，步歸郡邸。值上計吏與衆羣飲，買臣入室，守邸與共食，適露其綬，守邸怪之，視其印文，乃會稽太守章也。一邸驚駭，趨前跪拜。

【校】

〔一〕『纈』，原作『擷』，形近而誤，徑改。

明皇義竹　德宗瑞柳

唐明皇後苑竹叢茂密，帝謂諸臣曰：『兄弟相親，當如此竹。』因謂之義竹。

唐中書省有古柳，一日枯死。德宗自梁還邸，柳復榮茂如故。時人謂之『瑞柳』。

新息賈父　南陽杜母

賈彪爲新息令，小民貧困，多不舉子。彪嚴禁之，犯者與殺人同罪。數年間人家養子以千數，曰：『此賈父之所生也。』皆名之爲賈。

杜詩爲南陽守，性節儉而政清平。南陽人爲之謠曰：『前有召父，後有杜母。』前召信臣亦爲南陽守。

蔡襄餖茶　劉伶戒酒

蔡襄嗜茶無度，老而有疾，茶入口即心戰，但瀹名茶置案頭，時時餖之。

劉伶病酒，其妻勸其節飲。伶命具酒食，誓神受戒。伶跪祝曰：『天生劉伶，以酒爲名。一飲一斛，五斗解酲。婦人之言，愼不可聽。』便引酒進肉，隗然已醉。

王導牛奔　季常獅吼

王導以别館畜妾，聞夫人將持刀尋討，導飛轡出門，左手攀車欄，右手提塵尾柄打牛，牛忙奔至館，藏其妾媵于隣右。

陳季常妻柳氏悍妬，客至，或聞其詬詈聲。東坡作詩戲之曰：『誰似龍丘居士賢，談空説有夜不眠。忽聞河東獅子吼，拄杖落手心茫然。』

令公大人　鄴侯小友

郭令公以單騎赴回紇營，因與和好。諸酋長皆大喜曰：『向以巫師言此行甚安穩，不與唐戰，見一大人而還。今果然矣。』

李鄴侯七歲能文，張曲江呼爲小友。讀書衡山，遇懶殘禪師，往彼問道，師撥灰中煨芋以啖之，撫其背曰：『不必多言，領取十年宰相。』

應仲儈牛　樊噲屠狗

後漢王應仲遭亂不出，儈牛自隱。時人爲之語曰：『避世牆東王君公。』

樊噲，沛人。其妻爲吕后之妹，椒房親也，微時以屠狗爲業。高帝會鴻門，脱帝于難。後封舞陽侯。

伯倫荷鍤　摩詰縛帚

劉伶字伯倫，常以鍤自隨，曰：『死即埋我。』人稱其達。

王摩詰好潔，其居輞川，地不容纖塵。日有十數帚掃治，專使兩僮縛帚，有時不給。

王粲獨步　曹植八斗

魏王粲字仲宣，避京師之亂，往荆州。曹子建與楊德祖書曰：『仲宣獨步于漢南。』謝靈運嘗云：『天下才共有一石，曹子建獨有八斗，我得一斗，自古及今同用一斗。奇才敏捷，安有繼之？』

去聲

一送

闕里泣麟　楚狂悲鳳

孔子在娠，有麟吐玉書于闕里，其文曰：『水精之子孫，係衰周而素王。』孔母以繡紱繫麟而去。至魯定公時，西狩獲麟，其紱猶在角也。孔子知命之將終，抱麟解紱，泗涕滂沱。楚狂名接輿，好養性，躬耕以食，隱于西蜀之峨眉山，曾作《鳳兮》之歌以悲孔子。

蘇武雁書　莊周蝶夢

蘇武牧羝海上，漢使求之，匈奴詭言武死。後常惠教使者言帝上林射雁，雁足有書，言蘇武在某澤上。匈奴不能隱，遂釋武歸漢。

莊周夢爲蝴蝶，栩栩然蝴蝶也，自喻適志與！不知周也。俄然覺，則蘧蘧然周也。不知周之夢爲蝴蝶與，蝴蝶之夢爲周與？周與蝴蝶必有分矣，此之爲物化。

四 寘

女媧補天　長房縮地

盤古時天傾西北，女媧氏煉五色石以補天。

費長房遇壺公，入壺中，得竹一竿，乘竹到家，地遠千里，能縮之使近。到家後投竹于葛陂〔一〕，化爲龍去。

【校】

〔一〕『葛陂』，原作『葛坡』，據《後漢書》卷八十二《費長房傳》改。

杜康造酒　倉頡制字

周杜康，古人始造酒者。魏武曰：『何以解我憂，惟有杜康酒。』

倉頡觀鳥獸之文，制字造書契。

泰山玉簡　宛委石匱

泰山上有金篋玉策，能知人年壽修短。漢武帝探策，得『十八』，倒讀曰『八十』，後壽果八十。

宛委山在會稽禹穴之前，上有石匱，大禹發之，得赤珪如日，碧珪如月，内藏金簡玉字之書，以告禹治水之法。

李泌白衣　韓信赤幟

唐肅宗與李泌行軍，軍士指之曰：『衣黄者聖人，衣白者山人。』帝聞之以告泌，曰：『艱難之際不敢相屈以官，且衣紫袍以絶群疑。』泌不得已，受之。

韓信伐趙，兵至井陘口，夜發輕騎二千人，人持一赤幟，從間道登萆山，誡之曰：『趙見我走，必空壁逐我。若疾入，拔趙幟，立漢赤幟。』信詐敗，趙果空壁逐之。及還，見壁盡赤幟，驚惶亂走。信還擊之，大敗。

柳妻丸熊　陶母截髪

柳公綽妻韓氏嘗粉苦參、黄蓮，和熊胆爲丸，賜其子仲郢等，夜讀含之，以資勤苦。

陶侃孤貧，孝廉范逵過訪，倉卒無以欵待。母湛氏截髪以易酒，徹所卧草薦，剉以餵馬。

逵見盧江守張夔稱之〔一〕，召侃爲樅陽令。

【校】

〔一〕『廬江』，原作『盧江』，據《晉書》卷六十六《陶侃傳》改。

謝玄佩囊　魏舒襆被

謝玄少時好佩紫香囊，叔大傅惡之，而不欲傷其意，姑戲賭取〔一〕，焚之。玄悟，遂不復佩。

晉魏舒爲尚書郎，時欲沙汰郎官，非其才者罷之。舒曰：『我即其人也。』襆被而出。同僚素無清問者咸有愧色。

【校】

〔一〕『賭』，原作『睹』，據《晉書》卷七十九《謝玄傳》改。

柳粲書篋　邊韶經笥

唐柳粲遷左拾遺，公卿競托爲箋奏，時譽日富，以其博學，號『柳篋子』。

後漢邊韶門多弟子，嘗晝寢，弟子嘲曰：『邊孝先，腹便便。懶讀書，只好眠。』韶應之曰：『腹便便，五經笥。只好眠，思經史。』

秦檜膝刀　霍光背刺

秦檜死，高宗謂侍臣曰：『朕今日始得免于護膝中帶尖刀矣。』

漢宣帝謁高祖廟，霍光驂乘，上嚴憚之，若有芒刺在背。

六御

季輔鍾乳　宋璟金筯

唐太宗時中書舍人高季輔上封事，特賜鍾乳一劑，曰：『卿進藥石之言，故以藥石報之。』

宋璟爲宰相，朝野歸心。時侍御宴，帝以所用金筯賜之曰：『非賜卿筯，以表直也。』

趙立用箝　孫揆易鋸

杜充守建康，命趙立會兵楚州，凡七破賊。立中箭鏃，入舌下，堅不可取，命毉以鐵箝破齒鑿骨紐去，移時乃出，流血盈襟。左右毛髮皆竦，立神色不變。

孫揆爲京兆尹，昭宗討李克用，授揆節度使，以本道兵會戰。克用伏兵執揆，脅之降，不屈。克用怒，命以鋸解之，鋸齒不行，揆駡曰：『死狗奴，解人當夾以板。』行刑者從之，詈聲不絕而死。

朱博烏臺　蕭芝雉署

漢朱博爲御史大夫，府中有一柏樹，嘗有野烏栖集其上，朝去暮來，因號曰烏臺，亦名柏臺。

蕭芝至孝，除尚書郎，有雉數十飲啄止宿于其署前，出郊則於其車前飛鳴旋遶。

桓典避馬，王遵叱馭

桓典爲御史，常乘驄馬。時人曰：『行行且止，可避驄馬御史。』

王遵爲益州刺史，過九折坂，叱馭曰：『王陽爲孝子，王遵爲忠臣。』前王陽至九折坂，嘆曰：『奈何以先人遺體乘此危險？』因而回家。

七遇

賈生宣室　孔光温樹

漢文帝思賈誼，徵之入見。上方受釐宣室，因問鬼神之本，誼具道所以然之故，至夜分，帝前席聽之。

孔光爲人謹飭，與人言，不及朝省政事。或問温室省中所植何樹，光不應，答以他語。

道濟長城　寇準孤注

南北朝檀道濟立功兩朝，威名甚重。朝廷疑畏，下詔誅之。道濟見收，憤怒，目光如炬，脱幘投地曰：『乃壞汝萬里長城。』

寇萊公勸帝親征，以成澶淵之功。王欽若譖之曰：『城下之盟，《春秋》耻之，澶淵之舉，寇準以陛下爲孤注耳。』

張堪兩岐　廉范五袴

漢張堪爲漁陽太守，擊匈奴，開稻田千萬頃，勸農致殷富。百姓歌曰：『桑無附枝，麥秀兩岐。張公爲政，樂不可支。』

漢廉范爲蜀郡太守，除火禁。百姓便之，歌曰：『廉叔度，來何暮？不禁火，民安作。昔無襦，今五袴。』

羊孚雪贊　張融海賦

羊孚作《雪贊》云：『資清以化，乘氣以霏。遇象能鮮，即潔成輝。』桓胤遂以書扇。

張融作《海賦》，徐凱之曰：『卿此賦寔超玄虚，但不道鹽耳。』

八霽

書績旂常　勒銘帶礪

周穆王命君牙曰：『惟乃祖乃父服勞王家，厥有成績，紀于太常。』太常者，王之旌旂也，有功者書焉以求顯也。

漢高帝定天下，剖符封功臣，刳白馬而銘之，封爵之誓曰：『使黄河如帶，泰山如礪，國以永存〔一〕，爰及苗裔。』

【校】

〔一〕『存』，原脱，據《漢書》卷十六《高惠高后文功臣表》改。

男子懸弧　女人設帨

古禮，男子生，懸弧于門左；女子生，設帨于門右。三日始負子，使人代射，以桑弧蓬矢射天地四方，示將有事于天下也；女子示有佩服以事人，故止設帨不用弧矢也。

端木辭金　鍾離委幣

魯國之法，贖人臣妾于諸侯者，皆取金于府。子貢贖之，不受金。孔子曰：『賜失之矣。

贖人受金謂之不廉，自今已後，魯國不復贖人于諸侯矣。』

漢鍾離意爲尚書，時交趾太守坐賍，以資幣頒賜群臣。意委地不拜，帝問之，對曰：『孔子忍渴于盜泉之水，魯參回車于勝母之閭，惡其名也。』帝嗟嘆稱善。

田真紫荆　竇儀丹桂

田真、田廣、田慶兄弟同居，庭前紫荆茂盛。後議分析，樹即枯死。兄弟感此，不復議分，樹乃茂盛如故。

燕山竇禹鈞生五子，皆登顯要，鄉人頌曰：『燕山竇十郎，教子有義方。靈椿一株老，丹桂五枝芳。』

嚴續愛姬〔一〕　延明快壻

唐嚴續相公歌姬，唐鎬給事通天犀帶，皆一代尤物。因出姬解帶呼盧，唐采大勝，乃酌酒，命美人歌一曲而別，嚴慨然與之。

後魏劉延明年十四，就博士郭瑀學，弟子五百人。瑀有女選壻，意在延明，設一席曰：『吾有女，欲覓一快壻，誰坐此者？』延明奮衣而坐，曰：『延明其人也。』瑀遂妻之。

【校】

〔一〕『嚴續』，原作『嚴績』，據《類説》卷二十一引《南唐近事》改。下同。

臺駘降災　伯有爲厲

鄭使子産問晉平公疾，平公曰：『卜者言實沈〔一〕、臺駘爲祟。史官不識，敢問。』子産曰：『高辛氏有子曰實沈，爲參神。金天氏有子曰臺駘，爲洮神。二者不能爲君害。若君疾，則飲食、哀樂、女色所生也。』平公曰：『博物君子也。』厚禮之。

鄭子皙殺伯有，伯有爲厲。趙景子謂子産曰：『伯有猶能爲厲乎？』子産曰：『能。匹夫匹婦死于非命，其魂魄猶能憑依于人，以爲淫厲。況伯有三世執其政柄，而今强死，其能爲鬼，不亦宜乎？』

【校】

〔一〕『實沈』，原作『實沉』，據《左傳·昭公元年》改。下同。

九泰

嶧山孤桐　孔廟枯檜

嶧山孤桐在嶧縣嶧山之上，自三代以來，止存一截。天啓年間妖賊倡亂，取以作爨。

曲阜孔廟有孔子手植檜一株，有幹無枝，紋皆左紐，堅如金鐵，有聖人生，則發一枝以占世運。

楊震集鱣　文仲居蔡

楊震聚徒講學，有雀啣三鱣集講堂前。其徒曰：『鱣者，卿大夫服之象也。數三者，三台也。先生自此升矣。』果如其言。

蔡，大龜也。臧文仲居之，畫山于節，繪藻于棁。孔子以其惑媚鬼神，譏其不知。

嵇吕命駕　程孔傾蓋

晉嵇康與吕安友善，每省相思，千里命駕。

《家語》：『孔子之郯，遇程子于途，傾蓋而語，終日不倦。顧謂子路曰：「取束帛以贈先生。」』

魚弘四盡　周處三害

梁魚弘嘗語人曰：『我爲郡有四盡：水中魚鼈盡，山中麞鹿盡，田中米穀盡，村中人庶盡。』

晉周處縱情肆欲，忤衆人意，嘗曰：『里中有三害：南山白額虎、長橋下黑蛟，并處爲三。』

處于是殺虎斬蛟，從學于陸機，改行爲善，三害併除。

十卦

星生芒角　氣降沆瀣

彗星曰長星，亦曰欃槍，芒角四射者曰孛，芒角長如帚曰彗，極長者曰蚩尤旗。沆瀣，夜半氣從西北方起者謂之沆瀣，此天地至清之氣也。

韋賢滿籝〔一〕　夏侯拾芥

前漢韋賢以丞相致仕，教子成名，亦至丞相。賢曰：『遺子黄金滿籝，不如教子一經。』夏侯勝讀《尚書·洪範傳》，號稱名儒。嘗云：『士病不明經，士若明經，取青紫如拾芥耳。』

【校】

〔一〕『籝』，原作『赢』，據《漢書》卷七十三《韋賢傳》改。下同。

管仲射鉤　范增舉珮

管仲將兵遮莒道，射桓公中帶鉤。後魯桎梏管仲，送于齊桓公〔一〕，忘其仇，舉以爲相。管仲謂桓公曰：『願君無忘射鉤，臣無忘檻車。』

鴻門宴，范增欲害沛公，數目項王，舉所佩玉玦以示之者三。項王默然不應，范增起出，謂項莊曰：『君王爲人不忍，若屬皆且爲所虜矣。』

【校】

〔一〕『齊桓公』，原作『齊相公』，據上文改。

仁貴白袍　伍胥銀鎧

唐薛仁貴嘗從太宗征伐，每出戰，輒披白袍，所向無敵。太宗遥見，問：『白袍是誰？』特引見賜馬絹，喜得虎將。

子胥賜死，盛以鴟夷之皮，浮之江上。子胥因流揚波，倚潮來往。或有見其銀鎧雪獅，站立潮頭者。

十二震

韓琦焚鬚　裴度失印

韓魏公常夜作書，令一卒持燭，偶他顧，燭燃公鬚。公以手麾之，作書如故。少頃回視，則易其人矣。公恐主吏鞭之，亟呼之曰：『勿易渠，今已解符燭矣。』軍中感服。

裴晉公在中書吏，忽白以失印。公神色不動，方張筵，命舉樂。夜半吏白印存，公亦不答。或問其故，公曰：『胥吏輩盜印書券，緩之則復還故處，急則投諸水火，不可復得矣。』

德裕萬羊　穆王八駿

李德裕召一僧問休咎，僧曰：『公是萬羊丞相，已食過九千六百矣。』數日後有餽羊四百者，公大驚，欲勿受。僧曰：『羊到此，已爲相公有矣。』旬日貶潮州司馬，又貶連州司户，尋卒。

穆天子八駿：一名絶地，二名翻羽，三名奔霄，四名起影，五名踰輝，六名超光，七名騰霧，八名扶翼。行越飛禽，日行千里。

婦翁冰清　女壻璧潤

晉衛玠字叔寶，樂廣字彦輔。叔寶爲彦輔壻，時人稱曰：『婦翁冰清，女壻璧潤。』

草木皆兵　沙石爲陣

八公山在壽州。謝玄陳兵淝水，苻堅望見八公山草木皆兵，秦師遂敗。

諸葛武侯八陣圖，一在夔州，一在新都。王武子曾爲夔州之西市，俯監江岸武侯八陣圖，箕張翼舒，鵝形鶴勢，聚石分布，宛然尚存。

十四願

荀息累卵　姚坦築怨

晉靈公造九層臺，三年不成，人力困敝。荀息曰：『臣能累十二棋子，加九卵于其上。』公曰：『危哉！』息曰：『公造臺三年不成，男不耕，女不織，亦危矣。』公遂止。

宋姚坦爲益王府贊善。王嘗作假山，召僚屬觀之。坦曰：『但見血山，安得假山？』王驚問，對曰：『臣見州縣督税笞民，流血滿身，此假山乃民租税所出，非血山而何？』

龔舍蛛隱　楊炯麟楦

龔舍見飛虫，觸蜘蛛綱而死，歎曰：『仕宦亦人之羅綱也。』遂挂冠而去，世號『蜘蛛隱』。

唐楊炯每呼朝士爲麒麟楦。或問之，炯曰：『今時跳麒麟者必裝飾其皮，覆之驢上，若去其皮，仍是驢耳。』

陸續方肉　陳遺焦飯

陸續繫獄，見餉羹，知爲母所烹飪。人問其故曰：『斷葱以寸，切肉必方，以是知之。』

陳遺母好食鐺底焦飯。遺作主簿，每煮飯，輒貯焦飯遺母。後值孫恩賊出，帶以從軍，戰敗，軍人竄入山澤者多餓死，遺獨以焦飯得活。

譚峭沉江　李賀投溷

宋齊丘欲竊譚峭《化書》以爲己作，乃投峭于江，漁人撒網獲峭遺屍，手中執《化書》三卷，遂改《齊丘子》爲《譚子化書》。

李賀有表兄，與賀有筆墨之隙，恨賀傲忽。及賀死，紿取其遺稿，盡投溷中。

十五翰

鉏麑觸槐　豫讓吞炭

晉趙盾爲大夫，諫靈公。公怒之，使鉏麑行刺，匿于寢門。盾每夜焚香告天，祈君改行。麑知爲忠良，不忍加害，遂觸槐而死。

豫讓漆身爲癩，吞炭爲啞，爲智伯報襄子之仇，至再至三，刺不能中，乃請其衣斬之，伏劍而死。

朱亥隱屠　嵇康喜鍛

朱亥，大梁人。勇俠，隱于屠肆。侯嬴薦之，魏公子使袖四十斤鐵椎，擊殺晉鄙，奪其兵以救趙退秦。

嵇康性好鍛。嘗夏月鍛于大柳下，鍾會造之，康鍛如故，不交一言。會去，康曰：『何所聞而來，何所見而去？』會曰：『聞所聞而來，見所見而去。』

蔡笛取椽　焦琴入爨

蔡中郎宿柯亭，聽庭中第十六條竹椽迎風有好音，取以爲笛，聲音獨絶。

中郎在吴，吴人燒桐以爨，聞其火爆聲，曰：『良木也。』請截爲琴，果有美音，名曰焦尾。

泥兵霑雨　石馬流汗

漢秣陵尉蔣子文逐盜死此，孫權爲立廟，封蔣侯。後孫權與敵人戰，夜大雨，蔣侯助之。次日見廟中泥兵皆濕。

安禄山亂，哥舒翰與賊將崔乾祐戰，見黄旗軍數百來助戰，忽不見。是日昭陵石馬皆流汗。

十七霰

魏武捉刀　孫權賺箭

魏武將見匈奴使，自以形陋不足雄遠，因使崔季珪代，操自捉刀立床頭。既畢，令間諜問曰：『魏王何如？』使曰：『魏王雅望非常，然床頭捉刀人乃英雄也。』魏武聞之，追殺此使。

孫權與曹操相拒濡須者月餘，權常乘大船來觀操軍，弓弩亂發，箭著船旁偏重。權乃令迴船更一面以受箭，箭均船平，乃還。權命卒呼操軍曰：『敬謝箭。』

曲江寶座　乖崖龍扇

唐玄宗於勤政殿以七寶裝成大座，召諸學士講論古今，勝者升座。張九齡論辨風生，首登此座。

張詠爲御史中丞，真宗令進所著述，帝稱善，取所執銷金龍扇賜之，曰：『美卿今日獻文事。』

廣平鐵腸　狄青銅面

皮日休云：『宋廣平爲相，疑其鐵石心腸，不解吐軟媚詞。觀其《梅花賦》，便巧富豔，殊不類其爲人。

狄青起卒伍，從征元昊，常爲先鋒，大小二十五戰，每臨敵必被髮帶銅面具，所至披靡，莫有當其鋒者〔一〕。

【校】

〔一〕『莫』，原作『煮』，形近而誤，徑改。

李白磨針　維翰鑄研

李白讀書象耳山下，學未成，棄去。適過溪，逢老嫗磨鉄杵，問其何爲，曰：『欲作針。』白感，遂還卒業。

桑維翰初學進士，主司惡其姓，『桑』與『喪』同，故斥之〔一〕。維翰乃鑄鐵研示人，曰：『研敝則改業。』卒舉進士及第。

【校】

〔一〕『斥』，原作『斤』，形近而誤，徑改。

十八嘯

剡川一曲　虎溪三笑

賀知章于天寶初夢游帝居，數夕方寤。乃請爲道士，還鄉里，詔賜剡川一曲，自號四明狂客。

惠遠禪師隱廬山，送客至虎溪，即止。一日送陶淵明、陸静脩，與語道合，不覺過虎溪，因大笑。世繪《三笑圖》。

杜廣騏驥　崔洪鷹鷂

杜廣初爲劉景厩卒〔一〕，及與景語，景大驚曰：『久負賢者。』告其妻曰：『吾爲女求壻二十年，不意厩中有騏驥。』還妻之。

崔洪少以清厲顯名，骨鯁不同于物，人之有過輒面折之。及爲御史，人語之曰：『叢生棘刺，來自博陵。在南爲鷂，在北爲鷹。』

【校】

〔一〕『厩卒』，原作『厩辛』，據《太平御覽》卷五百一十九引《三十國春秋》改。

二十二禡

伯壽牛車　晉武羊駕

劉伯壽居玉華峰下，有妾名謖草、芳草，皆秀麗而善音律。伯壽出入乘牛車，吹鉄笛，二草以蘄笛和之，聲滿山谷，牛行則行，牛止則止，其止也必命壺觴，盡醉而返。

晉武帝既平吴，選伎妾五千人入宫。帝常乘羊車，恣其所之，至便宴寢。宫人競以竹葉插户，鹽汁洒地，以引帝車。

中山壺飧　顧榮行炙

中山饗士，司馬子期在焉，羊羹不徧，怒走楚，説伐中山，君亡。有二人挈戈隨後，曰：『臣父餓且死，君下壺飧哺之，故來死君。』君曰：『吾以一杯羹亡國，以一壺飧得二死士。』

顧榮與同僚飲，見行炙者有欲炙之色，因輟己炙與啖之。同坐皆笑，榮曰：『豈有終日執之而可使不知其味乎？』後榮爲趙王倫所執，有救之者，乃受炙人也。

王戎鑽李　長康食蔗

王戎有好李，賣之，恐人得其種，皆鑽其核。

晉顧愷之，字長康，每食蔗，自末噉至本，云：『漸入佳境。』

阮宣杖頭　畢卓甕下

晉阮脩，字宣子，好黄老，善清談，性簡傲，不修人事。嘗以百錢挂杖頭，至酒肆獨酌。後爲太子洗馬。

晉畢卓少放達，爲吏部郎中。嘗飲酒廢職，比舍郎酒熟，卓因醉夜至其甕下盜飲，爲監酒者所縛。明日視之，乃畢吏部也。

二十三漾

穆公投醪　巫臣挾纊

秦穆公伐晉及河，將軍勞之醪，惟一杯。蹇叔曰：『一杯可以投河而釀也。』穆公乃以醪投河，三軍皆取飲之。

楚子圍蕭，申公巫臣曰：『師人多寒。』王巡三軍，推而勉之，三軍之士皆如挾纊。

齊后連環　宋姊麪杖

秦始皇遣使者于齊，送玉連環曰：『齊人多智，能解此環否？』后示群臣，皆不能解。后乃破之，謝秦使曰：『環已解矣。』

宋太祖將北征，京師喧言曰：『立檢點爲天子。』入告家人，姊方在厨引麪，杖擊太祖逐之，曰：『丈夫臨大事，可否當自决，乃來家間恐怖婦女，何爲耶？』太祖默然而出。

春申珠履　季倫錦障

楚王以黄歇爲春申君，趙平原遣使于楚，春申迎之，門下三千人，上客皆躡珠履，趙使大慙。

石崇，字季倫，與王愷鬬富。愷作紫絲步障四十里，崇作錦步障五十里以敵之。

伯宗徙瘤　扁鵲見臟

薛伯宗善徙癰疽。公孫泰患背疽，伯宗爲气封之，徙置柳樹上。疽消，而樹起一瘤如拳大。二十餘日，瘤潰，出黄赤汁斗許，樹亦旋枯。

扁鵲遇長桑君，出囊中藥，飲以上池之水。三十日，見垣一方人。因視病，盡見五臟癥結，特以診視爲名耳。

刺史晶燈　部尉彩棒

宋張中庸爲洋州刺史〔一〕，洞察民僞，民號爲『水晶燈籠』。曹操年二十，舉孝廉，除洛陽北部尉〔二〕。入尉廨，繕治四門，造五色棒，懸門左右，犯罪者不論豪强，皆杖殺之。

【校】

〔一〕『洋州』，原作『詳州』，據《職官分紀》卷四十一改。

〔二〕『北部』，原作『比部』，據《三國志》卷一《武帝紀》改。

黄庭筆飛　禊帖花放

王右軍在山陰縣，寫《黄庭經》完，所書筆騰空飛去。今有筆飛樓在采蕺山下。蕭翼賺《蘭亭》入手，飛奔至半途間〔一〕，看山花盡放。此地名花街，有墨花禪院。

【校】

〔一〕『間』，原作『開』，形近而誤，徑改。

少文響山　元幹破浪

宗炳，字少文。好山水，西涉荆、巫，南登衡嶽，因結室衡山，以疾還江陵，凡所游過名山皆圖之于室，謂人曰：『撫琴動操，欲令衆山皆響。』

宗慤，字元幹。少時叔父炳問其志，慤曰：『願乘長風破萬里浪。』後以戰功封洮陽侯。

支解海青　剖心金藏

安禄山叛，玄宗奔蜀，禄山宴群臣于凝碧池，盛奏衆樂。樂工雷海青不勝悲憤，擲樂器於地，西向慟哭。禄山縛于試馬殿前，支解之。

則天時有告皇嗣反者，后命來俊臣鞫之。太常工人安金藏請剖心，以明皇嗣不反，即引佩刀自剖其胸。后令輦入宮，經宿始甦。后歎曰：『吾有子不能自明，使汝至此。』即命俊臣停推，睿宗得免。

二十四敬

杜預左癖　張芝草聖

晉杜預嘗云：『王武子有馬癖，和長輿有錢癖〔一〕。』武帝問曰：『卿有何癖？』對曰：『臣有《左傳》癖。』

漢張芝臨池學書，池水盡黑。家有練帛，必先書而後染，草法精到，人稱『草聖』。

【校】

〔一〕『和長興』，原作『和長興』，據《世説新語·術解》劉孝標注引《語林》改。

孝標絶交　疊山却聘

晉劉峻，字孝標。因任昉之子貧困，到溉絶婚，作《廣絶交論》，謂勢交、賄交、論交、窮交、量交，此五交皆不能恤賢，故絶之也。

宋謝枋得，號疊山。爲人豪爽，以忠義自奮。宋亡，元人以幣聘之。疊山不赴，有《却聘書》傳世。

傀儡偃師　衣冠優孟

周穆王時有偃師爲木人，能歌舞，王與盛姬觀之。舞既，木人瞬目，以手招王之侍妾。王怒，欲殺偃師，偃師懼，理之，皆草木膠漆之所爲也。傀儡始于此。

楚相孫叔敖頻死，屬其子曰：『我死，汝必貧困。若往見優孟。』子從其言。優孟即爲叔敖衣冠，抵掌談笑。莊王見之，以爲叔敖復生也。因言曰：『孫叔敖爲楚之賢相，今其子家貧負薪。』王爲謝過，封之寢丘四百户。

羊祜輕裘　康樂曲柄

羊祜在軍中，輕裘緩帶，身不被甲，鈴閣之下，侍衛不過十數人。陸抗稱其德量，雖樂毅、諸葛孔明不能過也。

謝康樂好戴曲柄笠，孔隱士謂曰：『卿欲希心高遠，何不能遺曲蓋之貌？』謝答曰：『將不畏影者未能忘懷。』

二十五徑

臨平石鼓　泗濱浮磬

吳郡臨平岸崩，得石鼓，扣之不鳴。問張華，華曰：『用蜀中桐材刻魚形〔一〕，扣之則鳴矣。』如其言，聲聞數十里。

《尚書·禹貢》：『羽畎夏翟，嶧陽孤桐，泗濱浮磬，淮夷蠙珠暨魚，厥篚玄纖縞，浮于淮、泗，達于河。』

【校】

〔一〕『材』，原作『村』，據《異苑》卷二改。

許由一瓢　蔣詡三徑〔一〕

許由隱于箕山，以手掬水。人遺一瓢，飲畢挂樹，風吹歷落，以爲煩而棄之。

蔣翊爲兖州刺史。王莽篡位，以病免，歸舍中，竹林開三徑，邀故人裘仲、羊仲同遊〔二〕。

【校】

〔一〕『蔣詡』，原作『蔣翊』，據《文選》卷四十五《歸去來辭》李善注引趙岐《三輔決録》改。

〔二〕『羊仲』下原有『德』字，趙岐《三輔決録》此句作『唯羊仲、求仲從之遊』，則『德』爲『從』字之訛，然『從同遊』不辭，今删『德』字。

劉式墨莊　茂先書乘

宋劉式死，其妻聚書千餘卷，指示諸子曰：『汝父謂此爲墨莊，今貽汝輩爲學殖之具。』

晉張華，字茂先。好書，嘗徙居，載書三十乘，凡天下奇祕，世所未有之書悉在華所，有《博物志》行世。

子昂毁琴　孟敏破甑

陳子昂初入京，無人物色。有賣胡琴者，價高無售主。子昂以千緡市之，衆驚問，答曰：

『吾善此。明日集宣陽里，爲公等操之。』如期皆集，子昂撫琴曰：『蜀人陳子昂有文百軸，不爲人知。此賤子之役，何足留心？』舉琴碎之，以文軸徧贈會者，一日名震京師。

孟敏性剛直，有決斷。嘗客居太原，荷甑墮地，不顧而去。郭林宗見而問之，敏曰：『甑已破矣，視之何益？』林宗奇之，勸令就學，卒以成名。

二十六宥

即墨烹阿　潁川借寇

齊威王時左右日毀即墨守，而譽阿守。王使人視即墨，野闢民安。視阿，田野不闢，人民貧餒。即日烹阿而封即墨以萬户。

漢寇恂爲潁川守，脩鄉校，教生徒，能爲《左氏春秋》者親受學焉。後潁川盜起，恂從帝出征，賊平，百姓遮道曰：『願從陛下復借寇君一年。』乃留鎮撫。

阮咸豕盆　師罧狗竇

諸阮皆能飲酒，阮咸至，宗人間共集，不復用常杯斟酌，以大甕盛酒，圍坐相向大酌。時有羣豕來飲，直接缶上，便共飲之。

趙師罧諂事韓侂胄，嘗過南園山莊，侂胄顧竹籬茅舍，謂師罧曰：『此真田舍間氣象，但少犬吠雞鳴耳。』俄聞犬嗥叢薄，視之乃師羼也。侂胄大笑，聞者醜之。

元禮楷模　季彦領袖

李膺字元禮，陳蕃字仲舉，二人齊名，時人語曰：『天下楷模李元禮，不畏强禦陳仲舉。』晉裴秀，字季彦，少能屬文。叔父徽有盛名，有請徽者，出而遇秀，人稱曰：『後進領袖有裴秀。』

魯褒錢神　崔烈銅臭

晉魯褒作《錢神論》，有曰：『執我之手，抱我終始。凡今之人，惟錢而已。』後漢崔烈納錢五百萬，求爲司徒。問其子均曰：『吾居三公，外議若何？』均曰：『大人少有英稱，到老嫌其銅臭。』

二十九豔

終南地肺　長江天塹

終南山有道士不食五穀，自言太乙之精，所居之地名曰地肺。

曹丕大興兵伐吴，至廣陵，時江水盛漲，丕臨江歎曰：『長江天塹，固天所以限南北也。雖有武騎千群，亦何所用之？』會暴風，舟幾覆，乃還。

馬燧輟簡　戴淵投劍

唐馬燧姿度軒昂，與諸兄同學，輟簡歎曰：『方天下有事，丈夫當以功濟四海，詎能老一儒哉？』更學兵書戰策，卒爲唐名將。

戴淵少任俠不覊，嘗在江淮間攻掠商旅。遇陸機，率衆劫掠。淵在岸上據胡床指麾得宜，機於船屋上遥謂之曰：『卿才如此，亦復作劫耶？』淵便泣投劍歸機，機作薦書，仕至征西將軍。

入聲

一屋

白魚入舟　赤烏流屋

殷紂暴虐，西伯觀兵，至于盟津，渡河中流，白魚躍入王舟中，王俯取以祭。既渡，有火自上復于下，至於王屋，流而爲烏，其色赤，其聲魄。時諸侯不期而會者八百國。

項羽沐猴　秦始逐鹿

項王燒秦宫室，收其貨寶、婦女而東。或説曰：『關中可都以霸。』項王曰：『富貴不歸故鄉，如衣錦夜行耳。』説者曰：『人言楚人沐猴而冠耳，果然。』項王聞之，烹説者。

漢高欲烹蒯徹，徹曰：『秦之綱絶而維弛，山東大擾，異姓並起，英俊烏集，秦失其鹿，天下共逐之，于是高材捷足者先得焉。』

滹沱麥飯　蕪亭豆粥

馮異朝京師，光武詔曰：『倉卒蕪蔞亭豆粥，滹沱河麥飯，厚恩久不報。』異曰：『臣欲國家無忘河北之難，臣不敢忘巾車之恩。』

管輅揲蓍　君平賣卜

三國管輅，字公明，平原人。明《周易》，善揲蓍，精于天文、風角、占相之術，每言輒驗，人皆藉爲指南。

前漢嚴君平賣卜都市，與臣言忠，與子言孝，與弟言悌，日得百錢，則閉肆飲酒，與人講《易》。

二沃

不疑償金　卞和泣玉

前漢直不疑爲郎，同舍有告歸者，誤持同舍郎金去，疑不疑，不疑買金償之。後告歸者還金，亡金郎大慚，以此稱爲長者。

楚人卞和荆山得璞，兩獻楚王，皆謂石也，刖其兩足。和後抱璞哭之荆山之下，淚盡而繼之以血，王乃琢璞而得玉焉，遂名之曰和氏璧。

范丹釜魚　晏嬰脱粟

後漢范丹，字史雲。爲萊蕪令，家貧，人歌曰：『甑中生塵范史雲，釜裡出魚范萊蕪。』

《韓氏春秋》曰：晏嬰，字平仲，爲齊相，只食脱粟，不食重味。

蔡琰辨絃　王粲覆局

蔡琰，伯喈之女。九歲時，父夜彈琴，一絃絶，琰曰：『第二絃也。』父曰：『汝偶中耳。』琰曰：『季札觀樂，知國之存亡；師曠審音，識南風之不競。以此推之，何不知也？』

王粲觀人圍棋，局壞粲能覆之。棋者不信，以帕蓋局，更以他局爲之，不悮一道。其强記如此。

季札舞韶　周郎顧曲

季札聘魯，請觀周樂。魯人爲歌風雅頌之詩，奏六代之樂，見舞《箾韶》者，曰：『德至矣哉，大矣，如天之無不幬也，如地之無不載也。雖甚盛德，其蔑以加于此矣。』

周瑜妙于音律，雖三爵之後少有闕誤，瑜必舉目瞠視，時人語曰：『曲有誤，周郎顧。』

三覺

伊尹負鼎　甯戚叩角

《史記》云：伊尹負鼎俎，以滋味説湯，致于王道。

齊甯戚牧牛，叩角歌曰：『南山燦，白石爛〔一〕，中有鯉魚長尺半。短布單衣纔至骭，生不逢堯與舜禪，長夜漫漫何時旦？』桓公聞而召之，立以爲相。

【校】

〔一〕『爛』，原作『爤』，據《史記》卷八十三《魯仲連鄒陽列傳》裴駰注引應劭説改。

龔遂勸農　文翁興學

漢龔遂爲渤海太守，民迫饑寒，遂悉捕盜賊，開倉賑濟，勸事農桑，百姓富實。文翁爲蜀郡守，民俗惡薄，文翁勸立學校，通經術，弘道德，儒風大行。

四質

崔浩鹽酒　蕭琛戰栗

崔浩論事，語至中夜。太宗大悦，賜浩縹醪酒十斛、水晶戎鹽一兩，曰：『朕味卿言若此鹽酒，故與卿同此味也。』

梁蕭琛預御筵，醉伏，武帝以棗投之，琛乃取栗擲上曰：『陛下投臣以赤心，臣敢不報以戰栗。』

羅含吞卵　江淹夢筆

晉羅含幼孤，叔母所養。嘗晝卧，夢吞一鳥卵，起告叔母曰：『鳥卵有文彩，故吞之。』自此藻思日進。

江淹夢一丈夫，自稱郭璞，曰：『吾有筆在卿處，當見還。』淹探懷中五色筆授之。後淹爲詩，絶無佳句，時人謂之才盡。

六月

玄素迴天　乖崖拜闕

唐太宗欲發卒脩洛陽宮，以備巡幸，張玄素上書極諫，即爲罷役。魏徵聞之，嘆曰：『張公論事真有迴天之力。』

張詠號乖崖，守成都，兵火之餘，人懷反側。一日大閱始出，衆遂嵩呼者三，乖崖亦下馬望東北拜，隨衆嵩呼，復攬轡而行，衆不敢譁。

楚王食萍　伯夷采薇

楚王渡江，有物大如斗，直觸王舟。王使人問孔子，孔子曰：『此名萍實，惟霸者能獲之。可剖而食之。』王食大美。弟子問曰：『子何以知之？』孔子曰：『吾昔過陳，聞童謡曰：楚王渡江，得萍實。大如斗，赤如日。剖而食之甜如蜜。』

武王已平殷亂，伯夷、叔齊耻之，義不食周粟，隱于首陽山，采薇而食之。或曰：『粟固周粟，薇亦周薇。』夷、齊遂不食而死。

右秉白旄　左仗黃鉞

《牧誓》：時甲子昧爽，王朝至于商郊牧野，乃誓，王左仗黃鉞，右秉白旄以麾，曰：『逖矣西土之人。』

蜀犬吠日　吴牛喘月

韓文：蜀中少日，每日出則群犬吠之。

《風俗通》云：吴牛苦于日，故見月而喘。

七曷

辛毗引裾　樊噲排闥

魏辛毗爲侍中，時上欲徙冀州人户實河南，毗乃進諫。上作色拒之，起入内。毗入而引其裾，上奮衣而起，乃徙其半。

漢高有疾，卧禁中，詔近臣毋得入。噲乃排闥入〔一〕，見帝枕一宦者卧，噲流涕曰：『陛下昔日何壯，今日何憊！不幸有疾，不見近臣，乃親宦者。獨不見趙高之事乎？』帝笑而起。

【校】

〔一〕『闥』，原作『[illegible]』，據上文及《史記》卷九十五《樊酈滕灌列傳》改。

慕容鑄馬　徐邈畫獺

慕容廆有馬駿逸無比，鮑氏鑄銅以圖其像，親爲銘贊，鐫頌其旁，像成而馬死矣。

魏徐邈善畫。明帝遊洛水，見白獺愛之，不可得。邈曰：『獺嗜鯔魚，乃不避死。』遂畫板作鯔魚，懸岸上，群獺競來，一時執得。帝曰：『卿畫何其神也！』

九屑

鄧通銅山　郭況金穴

漢文帝寵愛鄧通，有人相通曰：『當餓死。』帝曰：『富貧在我〔一〕。』乃賜通蜀道銅山，命其鑄錢，號鄧通錢。後景帝時，通果餓死。

郭況爲光武后弟，帝數幸其第，賜金亡算，京師號郭家金穴。

【校】

〔一〕『在』，原作『右』，據《史記》卷一百二十五《佞幸列傳》改。

秦彭攀轅　侯霸卧轍

漢秦彭爲潁川太守，政治寬和。及去任，老幼攀轅號泣。

侯霸守淮平，更始召還，百姓號哭，遮使者車，或當轍而卧，曰：『願留侯朞年。』

淳于炙輠　彦國吐屑

齊淳于髡博學强識，齊人頌曰：『炙輠過髡。』輠，車之盛膏器也。炙之雖盡，猶有餘流，言其智不可盡也。

晉胡毋輔之字彦國〔一〕，吐佳言如鋸木屑，霏霏不絶也。

【校】

〔一〕『胡毋輔之』，原脱『毋』字，據《晉書》卷四十九《胡毋輔之傳》改。

列子御風　楊時立雪

列子脩道，心無挂礙，飄飄然若御風而行。琴操中有《列子御風》，疑即莊子所言列禦寇也。

楊時爲伊川先生弟子。一日侍先生側，先生隱几卧，時不敢去。候其寤則門外雪深尺餘矣。

賈郁鐵船　王濟金埒

賈郁爲仙遊令，受代，有吏酗酒，郁怒，曰：『吾再典此邑，必懲此輩。』吏曰：『此鐵船過海也。』後郁復典是邑，吏盜庫錢數萬，郁治之，判曰：『竊銅鏹以潤家，非因鼓鑄；造鐵船而渡海，不假爐鎚。』決杖徒之。

晉王濟被責，移居北山，買地爲馬埒，布錢遶地，時人號金錢埒。

獻之一班　鄭虔三絶

王獻之數歲時觀門生樗蒱，曰：『南風不競。』門生曰：『此郎於管中窺豹，時見一班。』獻之怒，拂衣而去。

鄭虔，唐玄宗愛其才，置廣文館以爲博士。虔善書畫，常自寫其詩并畫以獻，帝大署其尾曰『鄭虔三絶』。

羊侃抉檻　來瑱嚼鐵

羊侃膂力絶人，仕魏，人稱虎將。魏帝曰：『郎官謂卿虎，試作虎狀。』侃因伏地，以手抉殿檻没指。

唐來瑱爲潁川太守，賊攻城，來射，皆應弦而仆，賊拜城下請降，稱爲來嚼鐵。

弘演納肝　嵇紹浣血

弘演，衛臣，奉使未還，狄人殺懿公，食其肉而獨舍其肝。演至則報使于肝，呼天而哭之曰：『臣請爲襆。』因自刳其腹，納懿公之肝而死。

晉成都王穎反，惠帝親征，頰中三矢，百官侍御皆散，嵇紹朝服登輦，以身衛帝。兵入，引紹斫之，血濺帝衣，左右請浣，帝曰：『嵇侍中血，勿浣也。』

伊耆蕢桴　叔孫綿蕝

《禮記·明堂位》曰：『土鼓、蕢桴、葦籥，伊耆氏之樂也。』

漢叔孫通與其徒百餘人爲綿蕝野外，習之禮成。高祖令群臣演習，莫不振恐肅敬。帝曰：『吾今日方知天子之貴也〔一〕。』

【校】

〔一〕『貴』，原作『賁』，據《史記》卷九十九《劉敬叔孫通列傳》改。

十藥

褒姒烽火　妲己炮烙

幽王寵褒姒，不好笑。王説之萬方，不笑。乃舉烽火以戲諸侯，諸侯兵至而無寇，褒姒乃大笑。

商紂肆虐，妲己以爲罰輕威不立，王爲銅柱，以膏塗之，加于炭火上，令有罪者抱之，輒墮火中，以取妲己笑，名曰炮烙之刑。

緑珠墮樓　關盼閉閣

石崇妾緑珠有殊色，步沉香屑上，身輕無跡，以珍珠百琲聘之。後孫秀向崇索緑珠，崇不肯與。秀譖于趙王倫，戮之。珠聞崇死，從高樓墮地，骸骨俱碎。

張建封舞妓關盼盼，公薨，誓不他適，居燕子樓二十餘年，有詩三百首，白樂天爲之作序。又作二絶云：『滿窓明月滿樓霜，被冷燈殘拂卧床〔一〕。燕子樓中霜月苦，秋宵只爲一人長。』『今春有客洛陽回，曾到尚書塚上來。見説白楊堪作柱，争教紅粉不成灰。』盼盼見詩，墜樓而死。

【校】

〔一〕『被』，原作『彼』，據《白香山詩集》卷十五《鷰子樓三首》改。

陶侃梭龍　衛懿軒鶴

陶侃少時捕魚雷澤，得一梭，還，挂壁間，有頃，雷雨交作，梭變爲赤龍，騰空而去。

衛懿公好鶴，鶴有乘軒者。及狄人伐衛，受甲者皆曰：『鶴有禄位，何不使戰？』衛以是亡。

吴起旗鼓　寇準鎖鑰

吴起臨戰，左右進劍，起曰：『將專主旗鼓，臨難決疑，揮兵指刃，此將事也。一劍之任，非將事也。』

王欽若譖寇準，出準知天雄軍。北使過謂準曰：『相公望〔重〕，何以不在中書？』準曰：『皇上以朝廷無事，北門鎖鑰非準不可耳。』

顧愷雲霞　謝鯤丘壑

顧愷之從會稽還，人問山川之美，顧云：『千巖競秀，萬壑争流，草木蒙籠其上，若雲興霞蔚。』

明帝問謝鯤：『君自謂何如庾亮？』答曰：『端委廟堂，使百僚準則，則臣不如亮。一丘一壑，自謂過之。』

顧畫通靈　杜詩斷瘧

顧長康以妙畫一厨寄桓玄，玄乃發厨後壁取之。及顧來索畫，見封題如故，而畫並不存，直云妙畫通靈[二]，變化而去。

杜工部客有病瘧者，甫戲云：『誦吾詩可斷瘧。』乃即誦『手提髑髏血』句，果愈。

【校】

〔一〕『靈』，原作『霤』，據《晉書》卷九十二《顧愷之傳》改。

十一陌

太宗白龍　錢鏐蜥蜴

唐太宗嘗飲于劉文靖家，醉卧。文靖見宅南大池中有白龍下飲水池中，大魚皆躍上岸。太宗醒，謂文靖曰：『醉中渴甚，夢入公家池中飲水，極清泠快意。』文靖視其體猶濕也。

錢鏐王宮中使老媪監更。一夕，有蜥蜴噏油，既竭而忽然不見。〔明〕日，王曰：『吾昨夜夢飲麻膏而飽。』更媪駭異。

欒巴噀酒　王喬飛舄

漢欒巴爲尚書，正旦大會群臣，巴乃含酒向西南噀之〔一〕，帝問其故，答曰：『成都失火，臣乃救之。』後成都奏聞元旦失火，大雨撲滅，雨皆酒氣。

王喬，明帝時爲尚書郎，出爲葉令。每月朔旦，常自縣來朝。帝怪其來數而不見車騎，令太史伺之。將至，見其有雙鳧從南來，舉網張之，得一舄，乃所賜尚書履也。

【校】

〔一〕『酒』，原作『潤』，據上文改。

和嶠專車　管寧割席

和嶠爲中書令，舊制與監令共車入朝。荀勖爲監令〔一〕，嶠鄙其爲人，自乘高車，專馳而入。管寧與華歆同〔席〕讀書，有乘軒冕者過門，歆出看之，寧曰：『丈夫富貴須自致。子豔羨他人，非吾友也。』遂割席分坐。

【校】

〔一〕『荀勖』，原作『苗晶』，據《晉書》卷四十五《和嶠傳》改。

北海開樽　東山折屐

孔融爲北海相，欲靖漢室之亂，志不能遂，多致賓客，終日宴飲。嘗曰：『座上客常滿，樽中酒不空，吾無憂矣。』

謝安命姪謝玄與苻堅對敵，安方對客圍棋，捷書適至，安看畢，了無喜色，奕棋如故。客問之，徐答云：『小兒輩遂已破賊。』既罷，還内，過〔户〕限，心喜甚，不覺屐齒之折。

常林帶經，高鳳漂麥

魏常林好學，帶經耕鋤。其妻餉之，雖在田野，相敬如賓。

後漢高鳳曝麥于庭，妻令鳳持竿逐雞〔一〕。鳳持卷讀書〔二〕。天忽大雨，流水漂麥，兀坐不知。

【校】

〔一〕「妻」，原脱，據《後漢書》卷八十三《高鳳傳》補。

〔二〕「鳳」，原作「獻」，顯誤，徑改。

鄒陽長裾　王符縫掖

前漢鄒陽仕于吴王濞，聞王有逆謀，上書諫之，有云：「蛟龍驤首則霖雨咸集，今臣飾固陋之心，何王之門不可曳長裾乎？」

後漢王符好學，隱居著書。時皇甫規解官歸，鄉人皆賀。雁門太守謁規，規卧不起。聞符至，倒屣迎之。時語曰：「今見二千石，不如一縫掖。」

瓘靖二妙　湛岳連璧

晉衛瓘、索靖皆〔善〕書法，爲尚書郎，時號一臺二妙，謂瓘得伯英之筋，靖得伯英之骨。

潘岳、夏侯湛並美姿容，每同起居，時人謂之連璧。

郝隆曬書　孫楚漱石

晉郝隆，七月七日人皆晒衣，隆於中庭向日仰卧。人問之，曰：『我貧無所有，惟晒腹中書耳。』

晉孫楚，字子荊。少欲隱居，誤言『枕流漱石』。或曰：『流可枕，石可漱乎？』楚曰：『所以枕流，以洗吾耳；所以漱石，以礪吾齒。』

思光權居　玄真泛宅

張融字思光。給假東出，世祖問：『融住在何處？』答曰：『臣陸處無居，舟居非水。』後上問其從兄緒，緒曰：『融東出未有居止，權牽小舟于岸上住。』

張志和號玄真子。謁刺史顔真卿，舟甚敝，真卿欲館之，謝曰：『願爲浮家泛宅，與鷗上下于烟水間耳。不願於塵土中埃俠骨也。』

文成選青　張奭曳白

唐張鷟字文成，舉制科甲第。員半千稱鷟文猶青銅錢，萬選萬中。時號青錢學士。

天寶二年，以御史中丞張倚子奭爲第一，議者蜂起。玄宗覆試，奭終日不成一字，人謂之『曳白』。

奚恤虎皮　伏波馬革

楚王問群臣：『北〔方〕畏昭奚恤。何哉？』江乙曰：『虎得一狐，狐曰：「子毋食我。天帝令我長百獸，不信，吾先行，子隨後觀。」獸見皆走。虎不知獸畏虎，以爲畏狐也。今北方非畏昭奚恤，畏王甲兵也。』

馬援征交趾還，故人孟冀勞之，援曰：『男兒要當死于邊野，以馬革裹屍還葬耳。何能卧床上死兒女手中耶？』冀曰：『諒爲烈士。』

十二錫

敬德煅冶　陶侃運甓

隋末有人居鄰官庫，穴而入，有金甲神守之，曰：『此尉遲敬德錢窖，其帖來則可取。』是人訪一鍛鐵人，同其名，向彼貸錢五百貫。尉遲怒曰：『吾打鐵人，焉有錢？侮我耳。』是人曰：『若能見憫，第賜一帖足矣。』遂咲而書之。是人復入，見神，照帖予之。後尉遲佐太宗得天下，賜錢一庫，閲簿，缺五百貫，檢庫中得一帖，乃打鐵時所書帖也。

陶侃爲廣州刺史，在州無事，朝運百甓于齋外，暮運于齋内。人問之，答曰：『吾方致力中原，過爾優逸，恐不堪事，故自勞耳。』

蔡邕爲碑　陳琳作檄

郭泰卒，蔡邕爲碑，曰：『吾爲碑銘多矣，未嘗不有慚容〔一〕，惟郭有道銘無媿耳。』袁紹使陳琳作檄，數曹操罪惡，連及家世，極其醜詆。及琳歸操，操曰：『卿昔爲本初移書，但可罪狀孤身，何乃上及父祖〔邪〕？』琳謝罪，操釋之，使與阮瑀俱管記室。

【校】

〔一〕『未嘗』，原作『來嘗』，顯誤，徑改。

孫敬閉户　匡衡鑿壁

楚孫敬好學，常閉户讀書，足跡不至城市，兒童見之，皆曰：『閉户先生來矣。』

前漢匡衡好學，家貧無油，鑿隣家壁，引燈光讀書。後官至二千石。

弄猴賜袍　刑天舞戚

唐昭宗播遷，隨駕有弄猴能隨班起居，昭宗賜以緋袍，號〔供奉〕。朱梁篡位，望見全忠，跳躍奮擊。

刑天，獸名，即渾〔沌〕，見《山海經》，能挾干戚而舞。陶淵明詩『刑天舞干戚』，今誤作『形天無千歲』。

十三職

米顛捧研　王肅贈墨

徽宗與蔡京論書艮嶽，召米芾至，令書大屏，命左右取御前端研，使就而用之。書畢，芾捧研跪曰：『此研經臣濡染，不堪復以進御，取進止。』上大笑，因以賜之，芾舞蹈趨出，餘墨霑漬袍袖，而喜見顔色。上顧京曰：『顛名不虚得也。』

北魏王肅注《易》東齋，夜有女子從地中出，贈墨一丸，但用丸墨，便覺才思開敏。

懿宗賜花　和凝徹棘

唐懿宗開新第，宴于曲江，乃命折花一金合，令中官馳至宴所，宣口勅曰：『便令戴花飲酒。』無不爲榮。

和凝知貢舉，時進士喜爲諠譁，以動主司。放榜則圍之以棘，閉省門，絶人出入。凝徹棘圍，開省門，而士肅然無譁，所取皆一時之英，稱爲得人。

【校】

〔一〕『曲江』，原作『同江』，據《天中記》卷三十八改。

十四緝

虞卿擔簦　蘇章負笈

虞卿，齊人，擔簦説趙成王，初見賜金萬鎰，再見拜爲上卿。前漢蘇章不仕，負笈從師〔一〕，不遠千里。

【校】

〔一〕『師』，原作『帥』，形近而誤，徑改。

馬安四至　應璩三入

前〔漢司馬〕安少與汲黯爲太子洗馬〔一〕，安才高政善，四至九卿。應璩爲侍郎，又〔爲〕常侍，又爲侍中，嘗作詩云：『問我何〔功德，三〕入承明廬。』〔二〕

【校】

〔一〕『司馬安』，原作『□安』，『馬』及上一字原殘損，今據《漢書》卷五十《汲黯傳》補。

〔二〕『承明廬』，原作『聖明廬』，據《文選》卷二十一《百一詩》改。

十五合

廣利泉飛　王霸氷合

前漢李廣利征大宛〔一〕，軍中無水，乃拔劍斫山，飛泉涌出。

光武避王郎，過河津，水漲無船可渡，令王霸〔往視〕之，霸恐驚衆，佯曰：『河水氷合可渡。』衆軍大喜，至河，果冰合，乃得渡，渡畢冰即旋解。

【校】

〔一〕『大宛』，原作『夫寇』，形近而誤，徑改。

江逌爇雞〔一〕　曲端籠鴿

江逌爲殷浩參軍，有羌寇，浩令逌擊之，逌曰：『今兵少于羌，當以計勝之。』乃集雞數百，以繩連繫火于足，群雞駭散，飛集羌營。火起，羌人自亂，因縱兵擊之，大敗而走。

曲端爲涇原都總制，張魏公按視端營，端以所部五軍籍進，公命點其〔一，則〕於庭開籠縱一鴿以往，而所點之兵隨至。張爲愕然。既而欲盡觀，乃悉縱五鴿，則五軍頃刻而集，戈甲煥燦，旗幟鮮明。魏公雖面奬而心寔忌之。

【校】

〔一〕『江逌』，原作『江道』，據《晉書》卷八十三《江逌傳》改。

楚〔元置〕醴，陳蕃懸榻

漢楚元王敬穆生爲賓客，穆生不嗜酒，元王嘗置醴酒以待之。及孫戊，一日忘設，穆生〔遂〕去。

陳蕃爲樂安太守，郡有高潔之士周璆，蕃〔特〕置一榻招致之。璆去，則懸榻以俟。又蕃守〔豫章〕，嘗設榻以〔待徐穉〕，去則懸之。